René Christen

Erneuerung von innen nach außen

Leiterbuch zu den Teilnehmerbücher 1 und 2

www.tredition.de

Zum kompletten Kursmaterial "Erneuerung von innen nach außen" gehören zwei Teilnehmerbücher. Das Teilnehmerbuch Teil 1 umfasst die Lektionen 1-12. Das Teilnehmerbuch Teil 2 die Lektionen 13-26. Zudem gehört das vorliegende Leiterbuch dazu. Es beinhaltet die Leiterhilfen für die Teilnehmerbücher 1 und 2 bestehend aus Hilfen für die Kleingruppengespräche und zu jeder Lektion mehrere Gottesdienst-, respektive Predigt- oder Inputvorschläge.

Die vorliegende Ausgabe erscheint erneut auf vielseitigen Wunsch und ist eine Neuauflage der 1997 in mehreren Auflagen im Brunnen-Verlag erschienen gleichnamigen Publikationen. Der Text wurde unverändert von der ursprünglichen Publikation übernommen. Zudem wurden die beiden je einzeln erschienenen Leiterhefte zum vorliegenden Leiterbuch zusammengefasst.

Im Print-on-Demand-Verfahren beinhaltet dieses Buch die Textausgabe A.

Gestaltung der Ausgabe1997: Geiterkonzept visuelle Gestaltung, Robert Geiter, Talstrasse 24, CH-8852 Altendorf SZ.

Verlag und Druck: tredition GmbH, Halenreie 40–44, D-22359 Hamburg
Finale Publikation: Dr. Matthias Feldbaum, Augsburg

ISBN Paperback: 978-3-347-11169-1
ISBN Hardcover: 978-3-347-11170-7
ISBN E-Book: 978-3-347-11171-4

Dieses Buch wird im Print-on-Demand-Verfahren hergestellt. Diese Vertriebs- und Herstellungsstruktur schont die Umwelt entscheidend, da die Bücher so nahe wie möglich vor Ort und nur auf Kundennachfrage gedruckt werden.

Bibliografische Information der Deutschen Nationalbibliothek: Die Deutsche Nationalbibliothek verzeichnet diese Publikation in der Deutschen Nationalbibliografie; detaillierte bibliografische Daten sind im Internet über http://dnb.d-nb.de abrufbar.

Leiterbuch zu Teilnehmerbuch 1

Ab Seite 30 finden Sie Leiterbuch zu Teilnehmerbuch 2

Inhalt

Einführung

1) Der biblisch-theologische Ansatz

Der biblisch-theologische Ansatz dieses Kursmaterials entstand aus meinem persönlichen Verlangen und Suchen nach Gottes Erneuerungsansatz für mein eigenes Leben. Zudem begegnete mir in den elf Jahren freikirchlicher Gemeindearbeit besonders unter Jugendlichen und jungen Ehepaaren ein eifriges Suchen nach einem gewissen "Mehr": Mehr erlebbare Gottesnähe. Mehr Echtheit im Christenleben und weniger Kluft zwischen dem, was wir vorgeben zu glauben, und dem, was wir tatsächlich erleben.
Mit der Veröffentlichung dieses Kursmaterials ist mein Hören auf Gott und mein Suchen nach Seinen Erneuerungsgedanken nicht abgeschlossen, aber es brachte Entdeckungen hervor, die ich in einer vorläufigen Zusammenfassung anderen weitergeben möchte. Zugleich lade ich andere ein, die hier formulierten Gedanken weiter zu verfeinern und zu ergänzen, da auch mein Wissen nur Stückwerk ist. Ich bin davon überzeugt, daß die Bibel noch viel reicher ist als das, was wir für unsere Zeit in ihr entdeckt haben.
Bei dem vorhin erwähnten Suchen nach mehr blieben viele Christen verunsichert irgendwo hängen. Es liegt nun an uns allen, egal ob jung oder alt, ob Anticharismatiker oder Charismatiker, ob introvertiert oder extrovertiert, daß wir nicht bei dieser Verunsicherung stehenbleiben, sondern miteinander ganz neu unsere Identität (unser Selbstverständnis) als Kinder Gottes zurückgewinnen - uns wieder so sehen, wie Gott uns sieht. Damit meine ich nicht eine Identität, die wir uns zuerst krampfhaft aneignen müssen, sondern eine Identität, die Gott schon längst jedem anrechnet, der durch Jesus Christus ein Erlöster Gottes ist. Um jene Identität geht es, die uns Gott durch Sein Wort und Seinen Heiligen Geist lehren will, damit wir motiviert, kreativ und zeitgemäß Gemeinde bauen.

Die Bibel sagt: Erneuerung ist nötig und möglich (2.Kor. 4,16-18). Sie spricht von einer wachstümlichen, täglich zunehmenden Erneuerung, die in der inneren Neuausrichtung des Menschen beginnt und von dort nach außen in sein Verhalten, Reden und Erleben führt. Es ist eine Erneuerung von innen nach außen. Das Neue an dieser Neuausrichtung: immer weniger auf das Sichtbare, das Vergängliche und immer mehr auf das Unsichtbare, das Unvergängliche, auf die Wahrheit Gottes ausgerichtet sein. Dabei werden die menschlichen Grenzen und Schwächen nicht verdrängt oder gar geleugnet, sondern sinnvoll genutzt.

Wenn ich die Bibeltexte aufliste, die mit ganz verschiedenen Formulierungen von dieser Erneuerung sprechen, dann ergeben sich bei mir zwei Hauptlisten:

- **Die erste Liste** enthält Bibeltexte, in denen uns Gott erneuern will, indem Er uns erklärt, was wir in Jesus Christus sind, haben und können. Es sind Texte, die uns zeigen, was unsere neue Stellung, unsere neue Situation - unsere neue Identität - als Erlöste Gottes ist.
  Sehr ausgeprägt sehen wir diesen Ansatz, wenn Gott Seine Liebe zu uns und unseren Einblick in diese Liebe beschreibt: Wir sollen "die Liebe Christi erkennen, die alle Erkenntnis übertrifft, damit wir erfüllt werden mit der ganzen Gottesfülle" (Eph. 3,19). Gott sagt uns also nicht nur, daß Er uns liebt, sondern daß wir erst dann so richtig erleben, welche Fülle Er für uns bereithält, wenn wir als Christen erkennen, daß Er uns sehr liebhat. Dieselbe Erkenntnis war auch die Triebkraft der ersten Jünger: So schreibt Johannes: "Wir haben erkannt und geglaubt die Liebe, die Gott zu uns hat" (1.Joh. 4,16). Paulus und seine Mannschaft lebten geradezu von dieser Art Erneuerungskraft: "Denn die Liebe Christi drängt uns", all das zu tun, was wir tun (2.Kor. 5,14).
  Wer sich durch Jesus Christus erlösen läßt, der wird von Ihm gerechtgesprochen und in den Stand eines Gotteskindes versetzt. In dieser Rechtfertigung und der Annahme als Sohn oder Tochter Gottes kommt Gottes Liebe am beeindruckendsten und zartesten zum Vorschein. Deshalb werden wir uns im Verlauf

der Lektionen intensiv mit diesen beiden Themen beschäftigen; besonders in den Lektionen 1-12. Hier noch einige Schlüsseltexte bezüglich der Erneuerung und Motivation aus dieser neuen Identität: Neh. 8,10 / Dan. 11,32 / Joh. 14,20 / 15,9-11 / 1.Kor. 6,9-11.18.19 / 2.Kor. 5,14 / 7,1 / Kol. 2,1-3 / 3,1.12 / 1.Petr. 2,1-4 / 1.Joh. 3,3 / 4,7-21 / 2.Thess. 3,3-5 / Judas 1,21.

- **Die zweite Liste** enthält Bibeltexte, die von der persönlichen Veränderung im Sinne von Heiligung sprechen. Diese Erneuerung bezieht sich mehr auf unser Verhalten, auf unsere Taten, Gefühle und Worte. Sie beginnt ebenfalls im Inneren, im Herzen des Menschen. Auch sie verläuft als Erneuerung von innen nach außen. Erneuerung von außen nach innen wäre bloß frustrierende Symptombekämpfung. Die Bibel empfiehlt jedoch eine Wurzelbehandlung. So wie beim Baum der Zustand der Wurzel entscheidet, ob die Früchte gut oder schlecht sind, so wird im Herzen des Menschen entschieden, was der Mensch nach außen ist. Doch dieses menschliche Herz, die Gesinnung, die Zentrale, ist dramatisch krank vor Habsucht, die Götzendienst ist, und bringt entsprechend faule Früchte hervor. Biblische Seelsorge und Erneuerung decken Wege auf, um die persönliche Umkehr dort an der Wurzel zu vollziehen, damit es zu neuen, gesunden Früchten kommt. Dabei wirken der Heilige Geist, der das Wort Gottes als befreiende Wahrheit einsetzen will, und das Einüben dieser Wahrheit durch den Menschen geheimnisvoll ineinander.
  Schlüsseltexte: Jer. 4,14 / Mat. 6,21 / 12,33-35 / 15,1-20 / 23,25-26 / Mark. 7,1-23 / Luk. 12,15 / Röm. 2,8 / 12,2 / Eph. 5,5 / Kol. 3,5 / 2.Petr. 2,14 / 1.Petr. 1,14-17 / 1.Tim. 6,10 / Jak. 4,1.
  Die Lektionen 13-26 beschäftigen sich schwerpunktmäßig mit Bibeltexten und Themen, die zu dieser zweiten Liste gehören.

Ob es sich nun um unsere neue Stellung und Identität, um unsere Rechtfertigung und Kindschaft oder um persönliche Veränderung an unseren "Wurzelsünden" handelt, in all dem sind Jesus Christus, der Heilige Geist und das Wort Gottes die entscheidenden Faktoren: Jesus Christus als Erlöser, der Heilige Geist als Lehrer und der, der Gaben gibt, und das Wort Gottes als befreiende Wahrheit.

Ich weiß nicht, ob ich geistlich und theologisch überlebt hätte, wenn mich Gott in den vergangenen Jahren die in diesem Kurs verarbeiteten Bibelwahrheiten nicht gelehrt hätte. Sie helfen mir in meinem persönlichen Leben als Christ immer mehr. Zudem ist es für mich sehr sinnvoll, in unserer Zeit über Erneuerung und damit über das Wirken des Heiligen Geistes zu lehren, ohne dabei die Schwerpunkte der Bibel durch andere Schwerpunkte ersetzt zu haben. Ich habe zu viel "Erneuerung um jeden Preis" beobachtet und hatte dabei den Eindruck: Die Bibel und ihre Schwerpunkte passen da nicht mehr hinein.

Es liegt in der Natur des in diesem Material verarbeiteten theologischen Ansatzes, daß er zuerst Mühe haben wird, sich als Erneuerungsansatz zu etablieren, denn er beinhaltet ein Zurückgehen zu alten und damit bekannten, zumindest oberflächlich und theoretisch bekannten Wahrheiten. Besonders die ersten Lektionen fangen sehr weit vorne an: bei Jesus Christus und dem Wort Gottes. Es kann sein, daß nicht jede Gruppe dort vorne beginnen sollte. Auf der anderen Seite bin ich überzeugt, daß es heute nötig ist, Gottes Erneuerungsansatz im ganz Elementaren neu zu entdecken, um dann solide darauf aufzubauen.

Ich möchte alle, die mit diesem Material arbeiten, ermutigen, sich kindlich darauf zu verlassen, daß es der Geist Gottes selber sein muß und auch sein wird, der das Wort Gottes mit Kraftwirkungen begleitet. Keiner von uns muß "den Heiligen Geist spielen". Das entlastet und ermutigt mich immer wieder. Das soll nicht heißen, daß wir uns schlecht vorbereiten oder die Treffen uninteressant gestalten sollen. Aber es ist ermutigend zu wissen, daß Gott erfolgreich sein kann, auch wenn ich erfolglos war. Anders gesagt: "Gottes Kraft ist in den Schwachen mächtig." (2.Kor. 12,9)

2) Der pädagogische oder "erwachsenenbildnerische" Ansatz

(Der folgende Abschnitt wurde von Andreas Pfeifer verfaßt)

Der Wunsch für dieses Kursmaterial ist es, daß Menschen Erneuerung erleben, Erneuerung, die im Inneren jedes Teilnehmers beginnt und dann Auswirkungen auf das Denken, Verhalten und Handeln hat. Weil dieser Prozeß im Inneren beginnt, ist Dein Einfluß als Leiter in diesem Prozeß begrenzt: Wie im biblisch-theologischen Ansatz beschrieben, ist es in erster Linie Gottes Wirken in einem Menschen, das Veränderung bewirkt.
Trotzdem ist es für Dich hilfreich, einige Grundprinzipien zum Lernverhalten von Erwachsenen und zur Arbeit mit ihnen zu kennen, damit Du Deine Möglichkeiten optimal nutzen kannst:

- **Erwachsene behalten die Fähigkeit zu lernen.** Diese Feststellung klingt im ersten Moment selbstverständlich. Aber oft vergessen wir, daß auch Erwachsene immer am Lernen sind. Nur findet dieses Lernen weniger im Klassenzimmer und vermehrt im alltäglichen Leben mit all seinen Einflüssen statt. So werden Lesestoff, Gespräche, Fernsehen usw. zu prägenden "Lehrern".

- **Geistliches Wachstum darf nicht isoliert betrachtet werden.** Wachstum und Entwicklung geschieht auf verschiedenen Ebenen. Neben der geistlichen Dimension verändert sich ein Mensch auch körperlich, emotional, intellektuell, moralisch und sozial. Diese Gebiete kann man nicht trennen. Es ist Gottes Anliegen, daß Menschen "ganzheitlich" erneuert und immer mehr ins Bild Gottes verwandelt werden.

- **Erwachsene sind in ihrem Lernen mehrheitlich lebensorientiert.** Weil Erwachsene viel Entscheidungsfreiheit haben bezüglich ihrer Zeiteinteilung und bezüglich dessen, was sie lernen wollen, wird die Motivation zur Teilnahme an einem Schulungskurs stark von ihrer Lebenssituation abhängen. So wird ein Kurs mit dem vorliegenden Material hauptsächlich von Menschen besucht werden, die in ihrem Alltag gemerkt haben, daß sie Erneuerung nötig haben. Diese Lebensorientierung soll auch während des Kurses nicht vergessen werden. Ein Leiter sollte die Teilnehmer immer wieder auffordern, das Gehörte und Entdeckte ins eigene Leben zu übertragen, um es dort einzuüben. Persönliche Probleme und Erfahrungen sollen in den Gruppengesprächen unbedingt eingebracht werden, um dadurch ins reale Leben vorzustoßen - dorthin, wo Veränderung und Erneuerung erlebt werden kann.

- **Erwachsene sind sehr verschieden, was ihre Hintergründe, Bedürfnisse, Fähigkeiten und Motive betrifft.** Leiter stehen in der Gefahr, eine Erkenntnis oder ein bestimmtes Bibelwissen zu vermitteln, ohne auf die Verschiedenartigkeit der Teilnehmer Rücksicht zu nehmen. Deshalb ist es wichtig, Themen oder Bibeltexte in die speziellen Situationen der einzelnen Gruppenteilnehmer zu übertragen und anzuwenden, die geprägt sind von allerlei vergangenen Erlebnissen und aktuellen Herausforderungen.

- **Mit zunehmender Verantwortung, Erfahrung und Sicherheit entwickeln sich Erwachsene von der Abhängigkeit zur Unabhängigkeit.** Erwachsene Teilnehmer möchten nicht mehr als "Kinder" behandelt werden. Sie kommen nicht als "Unwissende", sondern als Menschen, die von der Realität des Lebens Narben und oftmals auch Wunden mitbringen. So ist der Leiter nicht Erzieher von unmündigen Teilnehmern, sondern vielmehr Auskunftsperson, "Reisebegleiter" und Mitlernender. Trotz dieser Unabhängigkeit möchten Teilnehmer dazulernen. Sie möchten ihre Erfahrungen mit Gott und dem Leben in einem geschützten Rahmen besprechen und neue Sichtweisen kennenlernen.

- **Die aktive Teilnahme des Erwachsenen im Lernprozeß.** Gruppenarbeiten und Gespräche sind nicht verlorene Zeit. Im Gegenteil: Aktive Teilnahme fördert den Veränderungsprozeß entscheidend. Natürlich kann man im Gruppengespräch nicht die gleiche Menge "Stoff" behandeln wie im Referatstil. Aber hier gilt der Grundsatz: Weniger ist mehr. Oder: Qualität vor Quantität. Achte als Leiter auf einen guten Ausgleich zwischen aktiver Teilnahme der Gruppe und "passiver" Wissensvermittlung.

- **Ein angenehmes und unterstützendes Lern-Umfeld.** Auch wenn die Israeliten entscheidende Lektionen erst in der Wüste lernten, sollte dieses trockene und dürre Lern-Umfeld nicht Vorbild für unsere Gruppentreffen werden. Die Bibel kennt ja auch noch andere Lern-Umfelder: Jesus und die Jünger beim Fischessen am See Genezareth oder mit der Samariterin am Brunnen. Eine freundliche Begrüßung, ein gemütliches und gelüftetes Zimmer, eine gute Beleuchtung, evtl. Getränke usw. gehören zu einem positiven Lern-Umfeld für die Gruppentreffen. Auch das persönliche Kennenlernen und Verstehen der Gruppenteilnehmer ist ein wichtiger Beitrag eines Gruppenleiters, um das Lern-Umfeld optimal zu gestalten.

Wozu helfen diese Grundprinzipien?

- Wenn Du sie verstanden hast, wirst Du weniger starr am vorgegebenen Ablauf einer Lektion hängenbleiben, sondern die Gruppenleitung flexibel an die Gruppensituation anpassen.
- Grundprinzipien helfen, verschiedene Methoden (Übungen, Gespräche, Rahmenprogramm usw.) nicht als "Zeitfüller" oder "Abwechslung" zu sehen, sondern diese gezielt einzusetzen, um das Lernen und die persönliche Veränderung zu fördern.
- Das Verständnis der Prinzipien wird Dich als Leiter immer wieder daran erinnern, daß auch Du ein Lernender in der Gruppe bist und nicht das perfekte und fehlerlose Vorbild sein mußt.

3) Ratschläge für Gruppenleiter

Es würde den Rahmen dieses Kursmaterials sprengen, wenn es auch noch eine ausführliche Leiterschulung anbieten sollte. Zudem findet man auf dem christlichen Büchermarkt wertvolle Bücher zu diesem Thema (z.B. Bücher für Hausbibelkreis-Leiter).

Hier möchte ich gleichwohl einige Ratschläge weitergeben, die jedoch enger im Zusammenhang mit diesem Kursmaterial stehen. Mit der Anrede "Du", die ich von Anfang an verwendet habe, möchte ich zum Ausdruck bringen, wie wesentlich es ist, daß sich der einzelne ansprechen und persönlich erreichen läßt.

- Die Gruppentreffen sollten, wenn möglich, abwechslungsweise von zwei verschiedenen Personen **geleitet** werden. Ideal wäre ein Mann und eine Frau.
- **Beten und Glauben** sind die beiden wichtigsten Vorbereitungsarbeiten eines Kleingruppenleiters oder einer -leiterin: Im Gebet bitten wir Gott um Seine Hilfe. Im Glauben erwarten wir, daß Gott durch Sein Wort und den Heiligen Geist an jedem einzelnen Gruppenteilnehmer wirkt. Erwarte Großes von Gott, denn Er kann "kundtun große und unfaßbare Dinge, von denen du nichts weißt" (Jer. 33,3).
- **Als weitere Vorbereitung** für ein Gruppentreffen solltest Du die folgenden Lektionsteile (Lektionsbausteine) durcharbeiten:
  - Den Vertiefungsteil: Dieser vermittelt die Schwerpunkte und den biblischen Inhalt der Lektion. Ich empfehle, diesen Teil zuerst zu lesen, und dann erst den Entdeckungsteil.

- Den Entdeckungsteil: Mache Dich mit den hier gestellten Fragen und Aufgaben so vertraut, daß Du sie als Werkzeuge im Gruppengespräch einsetzen kannst. Es sind Werkzeuge, die helfen, zusammen mit den Teilnehmern das zu entdecken, was der Vertiefungsteil lehrt.

- Vielleicht ist es nötig, einzelne der in diesem Kursmaterial abgedruckten Fragen und Aufgaben wegzulassen, zu kürzen oder durch eigene zu ergänzen. In diesem Sinn muß das Kursmaterial unbedingt auf die Gruppe vor Ort abgestimmt werden.

- Lies die Lösungsvorschläge zu den im Entdeckungsteil abgedruckten Fragen und Aufgaben. Sie sind in diesen Leiter-Unterlagen zu finden.

• Lege einen **groben Zeitplan** für den Ablauf des Gruppentreffens fest. Aber Achtung: Jedes Gespräch, das lebendig, praxis- und bibelbezogen ist, ist wichtiger als Dein Zeitplan!

• Sorge für einen **unverkrampften und natürlichen Start** bei jedem Treffen:

- Die Lektions- und Raumvorbereitungen müssen vor dem Eintreffen der ersten Gruppenteilnehmer abgeschlossen sein.
- Begrüße jeden eintreffenden Teilnehmer persönlich schon vor dem "offiziellen Teil". Kurze Rückfragen und Interesse am Gegenüber helfen, das "Eis zu brechen".
- Stelle neue Gruppenteilnehmer auch innerhalb der Gesamtgruppe vor.

• Für das **Rahmenprogramm** (Gebet, Singen, Getränk, Imbiß usw.) sollte jede Gruppe selber eine Lösung finden. Wichtig ist, daß es nicht immer gleich abläuft und daß der Übergang vom Vorprogramm zum Hauptprogramm organisch wirkt: Der Teilnehmer sollte ein Vorprogramm und ein Hauptprogramm gar nicht als getrennte Teile erleben, sondern ungezwungen von der Begrüßungs- und Gesprächsatmosphäre in das Arbeiten an der Lektion geführt werden.

• Einige Tips für die **Gesprächsführung:**

Am Anfang einer neuen Lektion hilft ein kurzer Rückblick auf die vergangenen Lektionen und deren inhaltliche Verknüpfung mit der gerade aktuellen. Dadurch wird der Gruppenteilnehmer die großen inhaltlichen Linien des Kursmaterials immer besser erkennen. Die durch das gesamte Material auftauchende Gebäude- oder Tempelgrafik soll bei dieser Verknüpfung helfen.

Es empfiehlt sich, auf Antworten aus der Gruppe Rückfragen zu stellen. Beispiele:

- Was bedeutet das für Dich?
- Was meinst Du damit?
- Wie funktioniert das in der Praxis?
- Wie könnte man das an einem Beispiel erklären?
- Wozu ist das nötig?
- Weshalb glaubst Du das?

Diese Rückfragen haben das Ziel, daß die Gruppenteilnehmer zu selbständigem Denken angeregt werden und daß die Gespräche in die wirkliche Lebenspraxis vorstoßen.

Sehr oft helfen

- Rückfragen, die provokativ sind. Beispiele:
  - Glaubst Du, daß das, was Gott sagt, auch so gemeint ist?
  - Die meisten glauben heute doch nicht mehr an eine Hölle, weshalb sollten denn wir das noch glauben?
- Rückfragen, die mit einer ganz bestimmten Situation gekoppelt werden. Beispiel: "Angenommen, Dein Kind sagt Dir morgen nach der Schule ... Wie reagierst Du aufgrund dieses Bibeltextes darauf?"

  Fragen, die gestellt werden, sollten nicht sofort selber beantwortet werden, sondern zur Beantwortung an die Gruppe zurückgegeben werden.
  Kurze Zwischen- und Schlußzusammenfassungen helfen den Gruppenteilnehmern, den inhaltlichen Überblick über die Lektion zu bekommen.

- Das gelegentliche Arbeiten in **Dreiergruppen** während des Entdeckungsteils soll eine Hilfe sein, damit die Gruppenteilnehmer anfangen, durch gegenseitige Ermutigung, Beratung und Fürbitte füreinander zu sorgen. Dadurch können seelsorgerliche Kontakte entstehen, die weit über die Gruppentreffen hinauswachsen. Falls es möglich ist, daß sich diese Dreiergruppen gelegentlich in die verschiedenen Zimmer einer Wohnung aufteilen, wird es diese Arbeitsform aufwerten. Andernfalls können mehrere Dreiergruppen auch im selben Raum arbeiten.

- Die Leiter und Leiterinnen der Kleingruppen benötigen eine gründliche **Einführung** in dieses Kursmaterial, bevor sie damit arbeiten. Sie sollten vertraut gemacht werden mit
  - dem Konzept (Aufbau und Funktion)
  - der Methodik (wie arbeitet man damit)
  - und dem Inhalt des Kursmaterials (was soll vermittelt werden)

- Nach dieser Grundausbildung sollten sich die Leiter und Leiterinnen ca. **alle zwei bis drei Monate treffen.** Inhaltliche Schwerpunkte dieser Treffen:
  - Erfahrungsaustausch
  - Aufzeigen der inhaltlichen Schwerpunkte in den bevorstehenden Lektionen
  - Fachliche Anleitung für die Arbeit mit Kleingruppen (Gesprächsführung, Gestalten der Rahmenprogramme, Seelsorge usw.)
  - Gemeinsames Gebet und gegenseitige Ermutigung
  - Planung

4) Wo kann dieses Material eingesetzt werden?

- **Im seelsorgerlichen Begleiten eines anderen Christen**
- **In der Kleingruppe (z.B. Hausbibelkreis, Lebens- oder Jüngerschaftsgruppe)**
- **Als "Kurpackung" für eine ganze Gemeinde:**

  Dieser Einsatz wäre der umfassendste:
  - In Kleingruppen wird der Entdeckungsteil erarbeitet.
  - In der persönlichen Stille beschäftigen sich die Teilnehmer mit den Hausaufgaben des Erlebnisteils.
  - Im Gottesdienst (und/oder der persönlichen Stille) kommt der Ergänzungsteil zum Einsatz. (Predigtideen und theologische Denkanstöße sind in diesen Leiter-Unterlagen ab Seite 25 zu finden.)

Wenn das Thema "Erneuerung von innen nach außen" in möglichst viele Elemente und Gefäße eines Gemeindeprogramms integriert wird, bekommt es einen wesentlich wirkungsvolleren Stellenwert. Die Chance für einen umfassenderen Gemeinde-Erneuerungsprozeß nimmt zu. Das Ergänzen der Lektionsthemen durch Predigten wird eine wertvolle Vertiefung sein. Die Gottesdienstbesucher werden aufmerksamer zuhören, da sie schon selber am Thema gearbeitet haben. Die Gottesdienste könnten die Lektionen weiter ergänzen durch:

- Erfahrungsberichte (Zeugnisse)
- "Fragestunden" (aus den Kleingruppen eingereichte Fragen werden in einer Predigt beantwortet)
- Seelsorgeangebot

Wird das Kursmaterial ins gesamte Gemeindeprogramm integriert, müßte man sich auch überlegen, welche Veranstaltungsangebote gestrichen werden sollten, damit die Kursteilnehmer genügend Zeit haben für die Hausaufgaben. Eine gesunde "Veranstaltungs-Diät" zugunsten eines systematischen und persönlichen Arbeitens am Thema "Biblische Erneuerung" bringt nach meiner Meinung mehr für den Gemeindebau als ein überfülltes Gemeindeprogramm. Anders gesagt: Gemeinde-Erneuerungsprozeß ist besser als Gemeindestreß.

5) Anpassen vor Ort

Gedruckte Worte sind unbeweglich: Sie stehen vor uns und sagen immer dasselbe. Diese Unbeweglichkeit ist die Schwäche jedes gedruckten Kursmaterials. Die Situation vor Ort, dort, wo das Material eingesetzt werden soll, ist jedoch ganz unterschiedlich. Deshalb gibt es kein Material, das direkt im Maßstab 1 : 1 eingesetzt werden kann.

Die Lösung: Das gedruckte Wort muß durch das Gespräch ergänzt werden. Die Leitenden müssen im Gebet und im gemeinsamen Gespräch vor Ort entscheiden, was wie, wann und durch wen geschehen soll, um mit diesem Material zu arbeiten.

Deshalb sind schon in der Einführung der Teilnehmer-Unterlagen zu verschiedenen Bereichen Einsatzva-rianten angedeutet. Häufigkeit der Gruppentreffen, Leiterschulung und Leiterbetreuung, mit welcher Lektion zu beginnen ist und welche wann eingesetzt werden usw., sind Fragen, die an dem einen Ort so und anderswo anders gelöst werden müssen.

Lösungen

Lösungen zu den Fragen und Aufgaben im Entdeckungsteil der einzelnen Lektionen:

Diese Lösungsvorschläge bieten bloß kurze und allgemein formulierte Denkanstöße. Im Gruppengespräch sollten detailliertere und stärker praxisbezogene Lösungen gesucht werden.
Du wirst nicht zu jeder Aufgabe einen Lösungsvorschlag finden, da einige sehr leicht zu lösen sind und andere aus einem freien Austausch in der Gruppe bestehen, der nicht auf eine fixe Antwort abzielt.

Lektion 1: Gott ist anders (S. 10)

2. Aufgabe:

Zum Aufbau dieses Kursmaterials und zu den Möglichkeiten, damit zu arbeiten, findest Du als Gruppenleiter genügend Informationen in der Einführung der Teilnehmer-Unterlagen.

3. Aufgabe:

Gruppe	Bibeltexte	Was ist für Gott wichtig?	Das Gegenteil
Nr. 1	1.Sam. 16,7 Jes. 1,13-16 Amos 5,21-24	Gott ist gegen rein äußere Religion, Zeremonie und Tradition. Er sucht die innere Umkehr des Menschen, die Veränderung und Erneuerung von innen her.	Gott ist am Ablauf von Programmen und Ordnungen und am Erhalten von Traditionen interessiert. Er ist zufrieden, wenn einfach etwas Frommes läuft.

Gruppe	Bibeltexte	Einige Eigenschaften Gottes?	Das Gegenteil
Nr. 2	Röm. 8,31	Gott ist für uns (für Seine Kinder).	Gott ist gegen uns. Er mag uns irgendwie nicht.
	Ps. 103,8-14	Gott ist barmherzig, gnädig, geduldig, von großer Güte (= uns sehr gut gesinnt). Gott ist vergebungsbereit, väterlich, rücksichtsvoll.	Gott ist unbarmherzig, gnadenlos, ungeduldig, uns nicht gut gesinnt. Gott ist unversöhnlich, unväterlich, rücksichtslos.

Gruppe	Bibeltexte	Wie ist Gott, und was will Er?	Das Gegenteil
Nr. 3	Joh. 14,19.21-23	Gott ist ein lebendiger Gott.	Gott ist tot.
		Gott will unseren Gehorsam Ihm gegenüber.	Gott ist es egal, was wir machen.
		Gott will sich uns zeigen, uns durch Seinen Geist bewohnen und begleiten.	Gott vernachlässigt uns.
	Mat. 28,18-20	Gott ist stark.	Gott hat die Sache nicht im Griff.
		Gott hat einen Plan: Erlösung durch Jesus Christus.	Gott "verwaltet" uns planlos.
		Gott begleitet Seine Kinder täglich - bis zum Ende.	Gott ist abwesend.
	Mat. 7,11	Gott antwortet auf unsere Gebete und gibt uns Gutes.	Gott hört uns nicht und versorgt uns schlecht.

Gruppe	Bibeltexte	Wer ist Gott, und was denkt Er über Sünde?	Das Gegenteil
Nr. 4	Jes. 43,10.11 Jes. 44,6	Gott ist der allein wahre Gott.	Gott hat Konkurrenz durch allerlei Götter und Götzen.
	Jes. 43,24.25 Jes. 44,22	Sünde macht Gott Mühe. Er kann sie nicht tolerieren.	Als gnädiger Gott erträgt Er die Sünden der Menschen gut.
		Wem Gott Sünden vergibt, dem rechnet Er sie nicht mehr an. Vergebung heißt: Das Trennende verschwindet wie eine Wolke und steht nicht mehr zwischen Gott und dem die Sünde bekennenden Menschen.	Gott ist nachtragend und immer zornig.

Weise als Gruppenleiter während des Austausches in der Gesamtgruppe mehrmals darauf hin, daß wir im Hinblick auf Gottes Eigenschaften und Merkmale oft genau das Gegenteil dessen glauben, was Gott tatsächlich ist. An diesem Punkt bedarf es dringend der Umkehr, denn hier werden Lügen über Gott geglaubt statt der befreienden, heilenden und erneuernden Wahrheit.
Methodischer Hinweis: Um das Gruppentreffen nicht zu überladen, wird es sinnvoller sein, wenn zunächst nur die Gruppenarbeiten Nr. 1, 2 und 4 in Angriff genommen werden.

Lektion 2: Erneuerung durch Jesus Christus (S. 16)

Bei dieser wie bei den folgenden Lektionen wird die "Kunst" des Leitens darin bestehen, daß der Leiter die Kursteilnehmer zu einem neuen Bestaunen und Schätzen alter Wahrheiten hinführen kann: zu einem Staunen über Jesus Christus und die Erlösung durch Ihn. Das ist deshalb schwer, weil die Leute von einem Kurs mit dem Titel "Erneuerung" leider oft etwas anderes, etwas Spektakuläreres, etwas Neues erwarten, und weniger eine Bibelarbeit über "schon längst Bekanntes".
Aber es hat doch keinen Sinn, irgend etwas Neues zu erfinden oder zu meinen, wir müßten biblische Wahrheiten durch Zurechtbiegen attraktiver machen, wenn im Leben vieler Christen die Grundlagen des Evangeliums überhaupt nicht verarbeitet und integriert sind. Zudem kann es innerhalb geistlicher Erneuerung nichts fundamental Neues geben. So brauchen wir nur eines zu tun: die alten und ewig gültigen Bibelwahrheiten für unsere Zeit neu entdecken!
Laß Dich als Leiter nicht entmutigen, wenn Du merkst, daß die Leute aufgrund einer oberflächlichen geistlichen Sättigung nicht gleich realisieren, mit welchen lebensverändernden Kostbarkeiten sie sich in diesen Einstiegslektionen beschäftigen. Stelle um so deutlicher konkrete und praxisbezogene Rückfragen. Gib Dich nicht mit oberflächlichen Standardantworten zufrieden. Es ist wichtig, daß den Teilnehmern nach und nach bewußt wird, warum man das Wesentliche des Evangeliums verpassen kann. Sie sollen merken, welche hindernden Denkstrukturen, welche emotionalen Prägungen, welche Lebenserfahrungen oder schuldhaften Verstrickungen sie möglicherweise blockieren.
Bete um das Wirken des Heiligen Geistes, und vertraue kindlich darauf, daß Er das alte Wort Gottes gebrauchen will und wird, um Menschenleben heute zu erneuern.

2. Aufgabe:

Jeder Teilnehmer soll die Tabelle zuerst für sich ausfüllen. Anschließend das Ergebnis in der Gesamtgruppe zusammentragen:
- (1) **Alles** ist in Jesus Christus zu finden.
- (2) In Jesus Christus ist die **ganze Fülle Gottes anzutreffen.**
- (3) Jesus Christus ist **der** Weg, **die** Wahrheit, **das** Leben. Es gibt keinen Weg zu Gott, außer durch Ihn.
- (4) Jesus Christus ist **der** Mittler (Vermittler) zwischen Gott und Mensch.

Weise als Leiter auf die starken Formulierungen hin, mit denen die Bibel in diesen Versen die Wichtigkeit von Jesus Christus betont. Leider werden diese betonenden Formulierungen von vielen längst überlesen. Gewohnheit und Abstumpfung oder nie ausgesprochene Fragen haben sie blind gemacht. Aber gerade weil die Bibel die Betonung so eindeutig auf Jesus Christus legt, führt der Weg biblischer Erneuerung (und deshalb auch dieses Kursmaterial) unablenkbar und unaufhaltsam zu Jesus Christus hin und sucht alles in Ihm (Röm. 11,36).
Die ermahnende Seite dieser starken Jesusbetonung: Suche alles in Ihm und nicht anderswo!
Die ermutigende Seite dieser starken Jesusbetonung: Wenn Du Jesus Christus gehörst und alles in Ihm suchst, so wirst Du alles finden, was zu einem erfüllten Leben mit Gott nötig ist!

3. Aufgabe:

1. Abschnitt: Jesus Christus ist "Fachperson", was Gott, den Weg zu Gott und das Jenseits betrifft. Er hat sich von Gott-Vater belehren lassen, bevor Er zu uns kam. Deshalb will Ihn Gott unter anderem als Sein "Sprachrohr" benutzen. Gott will, daß wir auf Jesus Christus hören!
Der Kontrast dazu wäre ein stummer Gott. Ein Gott, der uns uninformiert, ungetröstet und allein auf diesem Planeten herumirren und zugrunde gehen läßt.

2. Abschnitt: Jesus Christus sagt uns die Wahrheit. Zum Beispiel die Wahrheit über Gott, über den Weg zu Gott und über das Jenseits. Was Er uns sagt, das stimmt, denn Gott selber war Sein Lehrer. Wir können uns auf Ihn und auf Seine Informationen verlassen!
Der Kontrast dazu wäre eine religiöse Person, die uns mit Lügen, Verführungen und Vorenthaltungen erbarmungslos einer ewigen Täuschung überläßt.

3. Abschnitt: Wer an Jesus Christus glaubt, der glaubt an Gott. Wer Jesus Christus aufnimmt, der nimmt Gott auf. Mit anderen Worten: Wer sich mit Jesus Christus anfreundet, der freundet sich mit dem Schöpfer-Gott an. Wer mit Jesus Christus eine persönliche Beziehung eingeht, der geht mit dem Schöpfer-Gott eine Beziehung ein. In diesem Sinn ist Jesus Christus der Zugang (Eingang) zu Gott.
Der Kontrast dazu wäre ein Gott und Schöpfer, von dem wir für immer ausgestoßen und getrennt bleiben. Ein Gott, dem wir gleichgültig und für den wir uninteressant sind. Ein Gott, der für uns unzugänglich und unnahbar ist.
So wie wir in der Regel in irgendeiner Wohnung oder einem Haus auf dieser Erde daheim sind und eine offene Tür, einen freien Zugang dorthin haben, so haben wir durch Jesus Christus einen freien Zugang zu Gott. Und das bedeutet, daß wir Zugang zu Verständnis, Erbarmen, Vergebung, Hilfe, Anleitung und Geborgenheit durch Gott den Schöpfer haben.

Nach dem Arbeiten in den Dreiergruppen würde ich die Kursteilnehmer nochmals zusammenrufen und in einer kurzen Zusammenfassung Antworten auf die Frage dieser 3. Aufgabe geben. Dabei würde ich besonders mit den vorhin beschriebenen Kontrasten arbeiten. Zum Schluß sollten die Gruppenteilnehmer zur Selbstprüfung herausgefordert werden: Welche Vorstellungen hattest Du bisher über Jesus Christus? Entsprechen Deine Vorstellungen den Aussagen, die Gottes Wort über Jesus Christus macht? Welche Überzeugungen mußt Du revidieren? Welche Überzeugungen mußt Du als Sünde vor Gott bekennen, und welche müssen anstelle der sündigen neu eingeübt werden?

Lektion 3: Erneuerung durch Gottes Wort (S. 28)

2. Aufgabe:

Die Hauptstrategie Satans ist die Lüge.

3. Aufgabe:

A) Die Hauptstrategie Gottes ist die Wahrheit: Gott benutzt als Hauptstrategie Sein Wort als Wort der Wahrheit, um uns die Lügen, an die wir noch glauben, aufzudecken (mehr dazu siehe Punkt 2 im Vertiefungsteil).
B) Wahrheit = Wort Gottes

So sehen wir nach dem Lösen der Aufgaben 2 und 3 die beiden Hauptstrategien. Sie stehen einander wie zwei Kriegsheere gegenüber. Wer sie als die beiden Hauptstrategien in der geistlichen Kampfführung erkennt, der hat ganz wichtige Grundlagen geistlicher Erneuerung erkannt.
In der folgenden Aufgabe soll die Wahrheit (= Wort Gottes) als Hauptstrategie Gottes ein wenig eingeübt werden.

4. Aufgabe:

Mögliche Antwort zu Nr. 1:	Gott ist nahe allen, die Ihn anrufen. (Vgl. Ps. 145,18) Jesus Christus begleitet die durch Ihn Erlösten jeden Tag. (Vgl. Mat. 28,20)
Mögliche Antwort zu Nr. 2	Gott sagt: Überlaß mir die Rache. Ich werde das schon im richtigen Sinn und Maß erledigen. Liebe Deine Feinde. Tue ihnen Gutes. (Vgl. Röm. 12,19-21)
Mögliche Antwort zu Nr. 3:	Gott kann auch den gebrauchen, der sich selber als schwach erlebt. (Vgl. 2.Kor. 12, 9) Sich selber schwach und nicht so ganz "auf der Höhe" zu fühlen, kann auch bei einem Christen ganz normal sein. (Vgl. 2.Kor. 4,7-18)
Mögliche Antwort zu Nr. 4:	Gott ist nichts unmöglich. (Vgl. Luk. 1,37)
Mögliche Antwort zu Nr. 5:	Alle Dinge dienen zum Besten denen, die Gott lieben. (Vgl. Röm. 8,28) Gott hat über jedem Seiner Kinder Gedanken des Friedens. (Vgl. Jer. 29,11)

Auch wenn diese Antworten aus Gottes Wort zuerst lapidar und irgendwie nicht so einfühlsam wirken, so werden sie trotzdem zu befreienden und erneuernden Quellen werden, wenn wir eine Gesinnung einnehmen, in der wir anfangen, ihnen zuzustimmen anstatt den menschlichen Lügen. Der Heilige Geist wird sie bei Seinem verändernden Wirken an uns gerne einsetzen, denn das ist die Hauptstrategie von Gottes veränderndem Wirken an uns.

Besonderer Hinweis: Die Lösungen zu dieser 4. Aufgabe dürfen kopiert werden und jeder Dreiergruppe nach einer gewissen Arbeitszeit zur Selbstkontrolle abgegeben werden.

Lektion 4: Voraussetzungen, damit die Bibel kräftig an uns wirkt (S. 36)

1. Aufgabe:

Trinkbecher aus Karton, Klebstreifen/ "Tesafilm" und einige Farb- oder Filzstifte zum Gruppenabend mitbringen. Für das Bearbeiten der Becher ca. 5 bis 8 Min. einplanen.

2. Aufgabe:mail@jntme.ch

Mache Mut, auch ganz kleine und einfache Erfahrungen mitzuteilen. Frage, nachdem die einzelne Person erzählt hat, mit konkreten Fragen zurück. Beispiele:

- Welche Lügen hast Du entdeckt? Welche Wahrheiten hast Du erkannt?
- Was kannst Du daraus lernen?
- Welche Ermahnung oder welchen Trost möchtest Du uns als Gruppe aufgrund dieser Erfahrungen weitergeben?

3. Aufgabe:

Nach der Arbeit in den Dreiergruppen werden die Ergebnisse im Plenum der Gesamtgruppe ausgetauscht:

- 1. Thess. 2,13: Die Bibel als **Worte von Gott aufnehmen.** Diese Sicht gibt den Aussagen der Bibel ein ganz besonderes Gewicht: Gott selber spricht zu mir. Sie ist nicht bloß eine menschliche Meinung und damit vergängliches Menschenwort.
- Ps. 119,159.160 / Joh. 17,17: Das Wort Gottes ist wahr = zuverlässig und verbindlich. Deshalb liebe ich Gottes Wort.
- Kol. 3,16: Das Wort Gottes **reichlich bei mir wohnen lassen** = reichlich in mein Leben (Denken / Gesinnung / Handeln) integrieren. Die Bibelwahrheiten nicht bloß als Besucher tolerieren, sondern sie als bestimmende Bewohner in meinem Leben akzeptieren und mich mit ihnen anfreunden.
- Mat. 11,28.29: Aus der Bibel **lernen.** Die Wahrheit der Bibel nicht bloß begutachten, beurteilen oder anschauen. Lernen = das Gelesene oder Gehörte durchdenken und auf das eigene Denken und Leben in unserer Zeit anwenden. Beim Lernen wird Altes durch Neues ersetzt.
- Hebr. 5,13.14: Die Bibelwahrheiten durch praktisches Anwenden **einüben,** damit sie mich mehr und mehr prägen. Bei diesem Einüben und Einprägen sollte es aber nicht bloß um äußere neue Verhaltensnormen gehen, sondern um Veränderungen an unseren Wurzeln, d.h. um Veränderungen unserer "Sinne". Von dort, von unseren Wurzeln (unserer Gesinnung, unseren Grundannahmen und Überzeugungen) her, wird dann auch unserer "äußerer Mensch" wachstümlich verändert. (Mit diesem Prozeß der persönlichen Veränderung von innen nach außen werden wir uns im zweiten Band dieser Kursunterlagen in den Lektionen 13-22 ausführlich beschäftigen.)

Wiederum ist es wichtig, daß Du Dich als Gruppenleiter beim Austausch in der Gesamtgruppe nicht mit oberflächlichen Standardantworten zufriedengibst. Stelle auf gegebene Antworten konkrete Rückfragen. Beispiele:

- Standardantwort zu 1. Thess. 2,13: Die Bibel ist als **Worte von Gott aufzunehmen.**
  Rückfragen:
  - Weshalb ist die Bibel "Wort Gottes"?
  - Weshalb ist es wichtig, die Bibel als Worte von Gott aufzunehmen?
  - Wie nehme ich die Bibel als Worte von Gott auf?

- Standardantwort zu Ps. 119,159.160 / Joh. 17,17: Das Wort Gottes ist **wahr.**
  Rückfragen:
  - Was bedeutet das für uns, daß die Bibel wahr ist?
  - Stell Dir vor, Du hast den Eindruck, Du seist wegen Deines Glaubens an Jesus Christus ein Außenseiter an Deinem Arbeitsplatz. Wie kann Dir in dieser Situation der Gedanke helfen, daß Dein Glaubensfundament, die Bibel, durch und durch wahr ist?

- Standardantwort zu Kol. 3,16: Das Wort Gottes **reichlich bei mir wohnen lassen.**
  Rückfragen:
  - Wie können wir das Wort Gottes reichlich bei uns wohnen lassen?
  - Was ist der Unterschied zwischen einem Gast und einem akzeptierten und integrierten Mitbewohner?

- Standardantwort zu Mat. 11,28.29: Aus der Bibel **lernen.**
  Rückfragen:
  - Wie lernen wir?

- Standardantwort zu Hebr. 5,13.14: Die Bibelwahrheiten durch praktisches Anwenden **einüben.**
  Rückfragen:
  - Wo müssen wir das Wort Gottes einüben? (In unseren Sinnen = Gesinnung, Überzeugung usw.)
  - Wie können wir etwas einüben?

Mehr Informationen zu dieser Aufgabe: siehe Vertiefungsteil, Punkt 3.

Lektion 5: Erlöst durch Jesus Christus (S. 44)

1. Aufgabe:

3 bis 4 Personen berichten, wie sie ihren Arbeitsalltag erleben. Dieser Einstieg soll erneut das Interesse aneinander und das gegenseitige Kennenlernen fördern.

2. Aufgabe:

Für diese schwierige Aufgabe genügend Zeit geben. Für Dich als Leiter besteht die wichtigste Vorberei-tung auf das Gruppentreffen wiederum darin, daß Du Dich von den in dieser Aufgabe aufgelisteten Bibel-texten beeindrucken läßt. Diese Bibeltexte sollen Dich in ein "heilsames Erschrecken" versetzen, damit

Du dann auch die Gruppe dahin führen kannst. Ein "heilsames Erschrecken" bezüglich des Sterbens ohne Frieden mit Gott ist für geistliche Erneuerung unumgänglich, denn erst auf diesem Hintergrund wird das, was wir durch die Erlösung in Jesus Christus sind und haben, neu aufleuchten und geschätzt werden. Einige Ergänzungen zu verschiedenen Formulierungen und Begriffen, die in den Bibeltexten dieser Aufgabe vorkommen:

- Zu den Formulierungen
  - "Ich habe euch noch nie gekannt; weicht von mir!" (Mat. 7,23)
  - "hinausgestoßen" (Mat. 8,12)
  - "Geht weg von mir." (Mat. 25,41):
    Hölle ist ewige Gottlosigkeit = Ich bin Gott ewig los. Die Barmherzigkeit, Geduld, Liebe und Vergebung Gottes und die Versorgung und Geborgenheit, die er gibt - all das wird mir in der Hölle nie begegnen. Umkehr zu Gott ist dort chancenlos - für ewig chancenlos. Man ist dort unumkehrbar verworfen!
- Zu der Formulierung "verflucht": "Verflucht" bedeutet "verwünscht". Das Gegenteil wäre "erwünscht" oder "gesegnet" (Mat. 25,31-34.41: "Kommt her, ihr Gesegneten meines Vaters, ererbet ...").
- Zu den Begriffen "Heulen", "Feuer", "Qualen": Hinweis auf gräßliche Qualen und Schmerzen. Es geht um Vernichtung, da diese aber ewig andauert, kann man dabei doch nicht sterben. Wegen des Geheuls entsteht ein schrecklicher, nie endender Lärm.
- Zum Begriff "Zähneknirschen": Es ist ein Zähneknirschen vor lauter Schmerzen und Leiden.
- Zum Begriff "Finsternis" oder "dunkelste Finsternis": Es ist eine endlose Dunkelheit. Trotz Feuer ist und bleibt man für immer umnachtet.
- Zu der Formulierung "Tag und Nacht keine Ruhe": endlos erschöpft. Es gibt keine Erholung. Keine Pausen. Keine Ruhezeiten.

Die Worte, mit denen die Bibel über die Hölle berichtet, sind bloß einige wenige, für uns noch einigermaßen verständliche Begriffe. Was aber diese Worte alles beinhalten und was Hölle tatsächlich ist, können wir nur bis zu einem gewissen Grad erahnen. Es muß noch tragischer sein als unsere schrecklichsten Vorstellungen.

3. Aufgabe:

Diese Aufgabe erreicht ihre Wirkung nur auf dem Hintergrund der Aufgabe Nr. 2. Weise immer wieder auf den "Höllenhintergrund" von Aufgabe Nr. 2 als Kontrast zur herrlichen Erlösung durch Jesus Christus hin. Fordere die Teilnehmer auf, in den in dieser Aufgabe aufgelisteten Bibeltexten die großartige Dimension der Erlösung durch Jesus Christus zu entdecken, zu erkennen, neu zu schätzen:

- **Kol. 1,13.14:**
  - "hat uns errettet" (Vergangenheitsform)
  - "von der Macht der Finsternis"
  - "hat uns versetzt in das Reich seines lieben Sohnes"
    (Hier unbedingt auf die Grafik im Vertiefungsteil dieser Lektion unter Punkt 3 B hinweisen.)
- **Jes. 44,22:**
  - Die mich zur Hölle verdammende Sünde (Missetat) ist verflogen wie eine Wolke (wie der Nebel) durch die Vergebung von Gott her.
  - Erlösung durch persönliche Umkehr (Bekehrung) zu Gott.

- **Gal. 3,13:**
  - Der uns zur Hölle verdammende Fluch ist für jeden durch Jesus Christus erlösten Menschen aufgehoben.
  - Jesus Christus hat ihn am Kreuz stellvertretend aufgehoben.

- **Hebr. 9,27.28:**
  - Sündenvergebung = Die uns von Gott trennende und uns zur Hölle verdammende Sünde hat Jesus Christus weggenommen.
  - Als Christen warten wir nicht auf ein schreckliches Erwachen in der Hölle, sondern auf das herrliche Erwachen in der vollendeten Erlösung.

- **Eph. 2,18.19:**
  - Auf uns Christen wartet nicht die ewige Gottesferne, sondern jetzt schon und erst recht im Jenseits Zugang zu Gott, das Bürgerrecht und ein Daheim bei Ihm.

Hinterfrage die Antworten aus der Gruppe. Frage zum Beispiel: Was bedeutet das? Was meinst Du damit? Was machst Du mit dieser Aussage (Zusage) Gottes? Wie ermutigt sie Dich? Warum hilft sie Dir? In welcher Situation hilft sie Dir?
Dieses Hinterfragen ist deshalb so wichtig, weil wir uns in dieser wie auch in weiteren Lektionen mit Themen beschäftigen, die den Gruppenteilnehmern irgendwie bekannt sind; leider schon so bekannt, daß sie viele Elemente der Erlösung kaum mehr schätzen. Aber vieles ist bloß oberflächlich bekannt, und nur wenige können mit den Werten, die ihnen durch die Erlösung geschenkt sind, im Alltag etwas anfangen. Und so entsteht mit der Zeit die so stressende Kluft zwischen Bekenntnis (was wir bekennen zu glauben) und Wirklichkeit (was wir tatsächlich erleben).
Diese Kluft ist einer der Gründe für ein frustriertes und passives Christenleben. Bete als Leiter immer wieder, daß Gott Dir hilft, die Gruppenteilnehmer neu in die Freude an der Erlösung durch Jesus Christus und ins Staunen darüber hineinzuführen. John Wesley sagte es einmal so: " Führt die Leute nicht nur zum Heil, sondern auch zur Heilsfreude! " Genau darin liegt ein gewaltiges Potential an geistlicher Erneuerung und Aufbruch.

Abschluß des Gruppentreffens im Plenum mit Dank und Anbetung für die Erlösung in Jesus Christus.

Lektion 6: Erlöst in eine neue Stellung hinein (S. 54)

2. Aufgabe:

Frage A:

- Offb. 5,9: Wir wurden durch Jesus Christus **für Gott erkauft.** Damit ist die rechtliche Seite unserer Erlösung exakt gelöst und geklärt.
- 1.Petr. 3,18: Wir wurden durch Jesus Christus **zu Gott geführt;** in die Nähe und Gegenwart Gottes geführt. Deshalb kann uns nun Gott von allen Seiten umgeben (Ps. 139,5). Wir können in Seiner Geborgenheit und in Seiner Treue zur Ruhe kommen.
- Kol. 1,13.14: Wir wurden durch Jesus Christus **versetzt** in den Herrschaftsbereich Gottes. Wir wurden vom Reich Satans in das Reich Gottes umgepflanzt. Während dies geschah, vollzog sich ein Herrschaftswechsel, ein Besitzerwechsel: Wir gehören nun Gott.

Frage B:

- Tit. 2,14: Wir sind nun **Eigentum Gottes** = Gott übernimmt Verantwortung für mich. Gott sorgt für mich.
- Eph. 2,18.19: Wir haben nun ein **persönliches und rechtlich geklärtes Daheim bei Gott** = Zugang zu Gott, Rechte und Pflichten bei Gott.
- Joh. 10, 28-30: Wir sind **in Gottes Hand** = Geborgenheit und Sicherheit.
  (Hier unbedingt auf die Grafik im Vertiefungsteil dieser Lektion unter Punkt 1 hinweisen.)

Hinterfragt auch bei diesen Fragen die gegebenen Anworten. Fragt zurück, was denn "Eigentum Gottes" und "versetzt in das Reich Gottes" praktisch (und seelsorgerlich) bedeutet.
Achte wieder darauf, daß Du als Leiter die Antworten nicht vorschnell selber gibst. Wertvolle Gruppengespräche entstehen oft erst nach einer gewissen Anlaufzeit. Sehr oft sind etwas provozierende Rückfragen die Auslöser dazu.

Lektion 7: Ein tragisches Mißverständnis (S. 64)

3. Aufgabe:

Der erste Brief ist falsch, weil
- der Erlöste außerhalb der Liebe und Nähe Gottes steht
- die Erlösung dürftig und mager dargestellt ist (schmaler Pfeil)
- die Erlösung ganz massiv durch Leistungen des "Erlösten" vollendet werden muß (breiter Pfeil)

Der zweite Brief entspricht der Wahrheit, weil
- der Erlöste als ein in die Liebe und Gnade Gottes Versetzter dargestellt ist
- die Erlösung als eine reiche, volle Erlösung beschrieben wird (breiter Pfeil)
- der Erlöste als Beschenkter dargestellt ist und sein Gehorsam aus diesem Beschenktsein heraus wächst (schmaler Pfeil)

Methodischer Hinweis: Um die Teilnehmer zur aktiven Mitarbeit zu motivieren, könnten die beiden Pfeilgrafiken in den beiden Briefen herauskopiert (vergrößert) werden und zu Beginn der kommenden 3 bis 4 Gruppentreffen jeweils kurz in Erinnerung gerufen werden. Die Teilnehmer könnten dadurch immer besser verstehen, welchem Mißverständnis wir alle schnell verfallen und wo sich der Ausweg befindet.
Eine andere Variante wäre die, daß wir aus diesen beiden Grafiken ein "Bild" gestalten, das im Gruppenraum hängen bleibt, solange der Kurs andauert.

Lektion 8: Ein neues Recht (S. 78)

1. Aufgabe:

Bei diesem Austausch kann es sinnvoll sein, aus dem Artikel von Hudson Taylor einige Sätze nochmals gemeinsam nachzulesen, besonders den Abschnitt "Geöffnete Augen!". In diesem Abschnitt wird die Haupterkenntnis beschrieben, die Hudson Taylor und Millionen andere Christen in ein erneuertes, ermutigendes und kraftvolles Christenleben führte: "Aber wie soll unser Glaube gestärkt werden? Nicht dadurch, daß wir um Glauben ringen, sondern dadurch, daß wir ruhen in dem, der treu ist." Der Glaube ist keine harte Konzentrationsübung, in der man vielleicht einmal Meister sein wird, sondern ein kindliches

Sich-Gott-Überlassen in allem und mit allem. Wir überlassen uns primär dem, der uns in Seine große und treue Hand versetzt hat. Der Glaube ist ein "Ruhen in dem, der treu ist"! Aus dieser Glaubenshaltung wächst Ruhe und Kraft für das Leben.
Als wertvolle Ergänzung zum Artikel von Hudson Taylor könnte man sich beim nächsten Treffen gemeinsam den ausgezeichneten Video-Film "Hudson Taylor" ansehen. (Filmlänge: 85 Min. Der Film ist bei jedem christlichen Filmverleih zu beziehen.)

2. Aufgabe:

Wenn wir uns in dieser und in den beiden folgenden Lektionen mit der Rechtfertigung des Menschen vor Gott beschäftigen, so könnte dabei der Eindruck entstehen, daß diese drei Lektionen bloß eine langatmige Wiederholung dessen sind, was wir in vergangenen Lektionen schon entdeckt haben. Das wäre aber ein oberflächlicher Eindruck.
Die Absicht dieser drei Lektionen: Das Thema "Rechtfertigung" dient uns als zusätzlicher "Scheinwerfer", mit dem wir unsere Erlösung durch Jesus Christus und entsprechend unser neues Leben nochmals intensiv von einer anderen Seite her beleuchten. Dabei sind einige Wiederholungen nicht zu vermeiden. Aber gerade dadurch, daß Bekanntes nochmals von einer anderen Seite - von der rechtlichen Seite - beleuchtet wird, werden die Chancen geistlicher Erneuerung immer größer.
Diese Hervorhebung der Rechtfertigung des Menschen vor Gott löste übrigens auch die Reformation aus, eine der gewaltigsten Erneuerungsbewegungen in der Kirchengeschichte. Also bleibe auch während dieser drei Lektionen mutig dran und vertraue dem Geist Gottes, daß Er das gelehrte Wort Gottes benutzen wird, damit die Gemeinde Gottes gesunden und dadurch wachsen kann (Gemeindewachstum = primär Gemeindegesundung!).

Nach diesen einleitenden Gedanken noch einige Hinweise zur Lösung dieser 2. Aufgabe: Fasse die Hauptgedanken des in dieser Aufgabe Gelesenen kurz zusammen. Achte dabei auf einfache und verständliche Worte und Sätze.
Wichtig ist, daß Du als Leiter während der Vorbereitungen verstehst, was biblische Rechtfertigung vor Gott tatsächlich ist, um anschließend andere überzeugend an diese Erkenntnis heranzuführen. Die beiden Artikel von Rose Marie Miller und Martin Luther im Erlebnisteil dieser Lektion können Dir bei diesem Verstehen ebenfalls helfen.

3. Aufgabe (3/A):

Dreimal kommt in Römer 3,21-28 (Lutherübersetzung) das Wort "ohne" vor, und zwar in den Versen 21, 24 und 28. Jedesmal will uns Gott zeigen, daß es **ohne** irgendeine Vorleistung unsererseits möglich ist, vor Gott gerecht zu werden. Das begreifen wir Menschen nur sehr schwer: Während der ganzen Zeit des Alten Testamentes richtete Gott die Menschen anhand der Forderungen in Seinem Gesetz (= die Gebote und Verbote des Alten Testamentes). "Nun aber" geht es plötzlich ohne das Gesetz. Das ist neu. Das ist Gnade. Das ist die schenkende Liebe Gottes.

3. Aufgabe (3/B):

Das Gesetz Gottes verlangt den Tod des Sünders. Nun hat Jesus Christus als Sohn Gottes so gelebt, daß Ihn kein Gesetz anklagen konnte. Trotzdem starb Er wie ein Sünder, weil Er stellvertretend für uns starb. Somit ist Gottes Vergebungs- und Beziehungsangebot an den Menschen keine billige Lösung, sondern eine, die Er selber durch Jesus Christus teuer bezahlte.

Beachte, daß beide Bibeltexte die Grundlagen des Erlösungsangebotes als etwas schon Abgeschlossenes beschreiben:

- Röm. 3,24.25: Die Erlösung, die durch Jesus Christus **geschehen ist.**
- 2.Kor. 5,21: Gott **hat** ... zur Sünde **gemacht.**

Diese und die beiden folgenden Lektionen gehören zu den schwierigeren in diesem Kursmaterial, denn hier wird etwas vermittelt, was die Kursteilnehmer schon lange kennen - zumindest oberflächlich. Dadurch kann es sein, daß sie gerne "abschalten". Der Durchbruch in diesen Treffen wird dann stattfinden, wenn die Teilnehmer durch die Macht des Heiligen Geistes geöffnete Augen bekommen bezüglich ihrer Situation ohne die Erlösung und ihrer völlig neuen, geschenkten, von Gott angerechneten Gerechtigkeit durch die vollkommene, jetzt gegenwärtige Erlösung in Jesus Christus.
Nimm Dir genügend Zeit, um diese Abende hauptsächlich im Gebet vorzubereiten. Dann geh im Auftrag Gottes und leite das Gruppentreffen. Geh trotz Deiner Schwachheit, und erwarte Gottes übernatürliches Eingreifen gerade wegen Deiner Schwachheit (2.Kor. 12,9).

4. Aufgabe:

Es wäre hilfreich, wenn sich die Gruppen für diese Aufgabe in einzelne Zimmer zurückziehen könnten. Dieses Treffen würde ich mit einem offenen Schluß gestalten, d.h. es gibt keinen gemeinsamen Abschluß, sondern jeder geht, wann er will. Getränke und Imbiß zum Abschluß würden an diesem Abend eher hindernd wirken.
Es wird eine Hilfe sein, wenn für diese Aufgabe an jeden Teilnehmer aus einer gut verständlichen Übersetzung (Hoffnung für alle/ Neue Genfer Übersetzung) eine Kopie von Röm. 3,21-28 verteilt wird.

Lektion 9: Ein geschenktes Recht (S. 92)

1. Aufgabe:

Bei diesem Austausch kann es sinnvoll sein, aus dem Artikel von Rose Marie Miller einiges nochmals gemeinsam nachzulesen. Beginne zum Beispiel mit Sätzen oder Abschnitten, die Dich persönlich angesprochen haben.

3. Aufgabe:

Jeder Sünder, der glaubend die schon vollbrachte Erlösung durch Jesus Christus für sich persönlich beansprucht. Dabei betonen diese Verse die folgenden Tatsachen besonders:

- Gott bietet uns ein neues Recht an, das **vor Ihm gültig ist** (V.21)! Ein Recht, das Gott akzeptiert, weil es für Ihn rechtlich stimmt.

- Dieses neue Recht ist **für alle zugänglich** (V.22)! Jeder Mensch, ohne irgendeine Ausnahme, hat die Möglichkeit, sich dieses herrliche neue Recht von Gott schenken zu lassen.

- Dieses neue Recht kann durch nichts verdient werden. Man kann es sich "bloß" schenken lassen = aus Gnade anrechnen lassen (V.22.24)! Dabei ist der **Glaube** die ausgestreckte Hand, mit der man dieses Geschenk entgegennimmt.

- Dieses neue Recht wird mir geschenkt aufgrund der "Erlösung, die durch Jesus Christus **geschehen ist"** (V.24)! Die Erlösung, der Grund für das neue Recht, ist also schon längst abgeschlossen, unabhängig und außerhalb von mir. Gott selber war der Handelnde und ist nun der Anbietende. Sie liegt in ihrer vollen Kraft für jedermann bei Ihm abholbereit.

Lektion 10: Ein umkämpftes Recht (S. 102)

1. Aufgabe:

1 = A	4 = A	7 = A
2 = B	5 = B	8 = B
3 = B	6 = B	

2. Aufgabe:

A) Lies dazu den Vertiefungsteil zu dieser Lektion.

B) Gott gibt uns aufgrund unseres Glaubens, und nicht aufgrund unseres Einhaltens von Gesetzen, denn wir wären unfähig, **alle** Gesetze einzuhalten, um vor Gott gerecht zu werden, und das wäre die Voraussetzung (Gal. 3,10). Gesetzlichkeit verdrängt die Kerngedanken des Evangeliums. Sie ist "Götzendienst", da sie die Erlösung letztlich nicht allein als Geschenk von Gott her erwartet, sondern von allerlei Leistungen des Menschen. Gesetze treten an die Stelle Gottes.

C) Glauben an Gott und Vertrauen auf Ihn. Kindlich "in dem ruhen, der treu ist" (Hudson Taylor).

3. Aufgabe:

Diese Lösungsvorschläge beschränken sich nur auf die wichtigsten Hauptgedanken:

Sandra verwechselt den Frieden mit Gott mit einer friedlichen Stimmung in ihren Gefühlen. Aber Frieden mit Gott ist weit mehr. Wer jedoch den nach der Bibel definierten Frieden mit Gott für sich persönlich beansprucht, der wird dadurch auch emotional mehr und mehr zur Ruhe kommen: Glaubensstreß und Selbstverdammung nehmen ab, und das Ausruhen im Angenommen-Sein von Gott nimmt zu.
In Römer 5,1 steht: Wer gerechtfertigt ist, der **hat** Frieden mit Gott. Frieden mit Gott kommt nicht durch eigene Leistungen als Ergänzung zur Rechtfertigung dazu. Sandra muß diese Wahrheit entdecken und ler-nen, sie auf sich zu beziehen und Tag für Tag neu im Glauben von dieser Tatsache her zu leben. Sie darf das so sehen, weil Gott es so sagt (= Leben im Glauben).

Konkrete Hilfe für Sandra: (1) Die falsche Sicht über den Frieden mit Gott als Sünde vor Gott bekennen. (2) Die neue, biblische Sicht einüben, indem sie zum Beispiel in den kommenden Wochen Römer 5,1, auf einem Kärtchen aufgeschrieben, immer griffbereit bei sich hat. Je öfter sie sich dann in ihrer Verunsicherung gegen die Lüge entscheidet (= "Du spürst ja keinen Frieden mit Gott") und für die Wahrheit aus Gottes Wort (= "Du hast Frieden mit Gott"), desto mehr wird ihre Krise abnehmen.

Andreas muß die Wahrheit aus Gottes Wort annehmen, daß er durch die Rechtfertigung einen freien Zugang zu Gott **hat.** Natürlich kennt die Bibel auch das Problem der Sünde, das die Gemeinschaft mit Gott behindert, aber Gott will gern vergeben, sobald sie vor Ihm zugegeben ist.
Seine "Zimmerdecke" ist ein Produkt seiner eigenen Phantasie, seiner eigenen Vorstellung. Andreas glaubt dieser eigenen Vorstellung mehr als den Aussagen in Gottes Wort, d.h., er glaubt einer Lüge und damit dem Vater der Lüge: Satan (Joh. 8,44).

Wertvoll wäre es, wenn einzelne Gruppenteilnehmer Beispiele aus ihrer eigenen Erfahrung schildern würden, um dann gemeinsam das Leistungsdenken, und damit die Gesetzlichkeit, die dahintersteckt, aufzudecken und entsprechend in der Bibel die befreiende Wahrheit zu suchen.

Lektion 11: Kind Gottes (S. 112)

1. Aufgabe:

Die konkreten Beispiele können irgendeinen Moment, eine Situation oder ein Erlebnis darstellen, das für ein Kind typisch positiv oder typisch negativ ist. Ein positives Beispiel: Ein Kind wird von seinem Vater über eine schmale Brücke getragen. Negatives Beispiel: Ein Kind hat sich im Einkaufszentrum verlaufen.
Für jede Gruppe zwei größere Papierblätter und zwei dickere Filzstifte bereithalten. Arbeitszeit in den Gruppen: ca. 10 Min. Anschließend soll jedes Bild in der Gesamtgruppe kurz vorgestellt werden. Dieser Einstieg soll zum Thema hinführen und zugleich für einen lockeren Einstieg sorgen.

2. Aufgabe:

- Joh. 1,10-13: Jesus aufnehmen. An Jesus glauben. Von Gott geboren werden (Wiedergeburt).
- Gal. 3,26: Durch den Glauben beanspruche ich die Erlösung, die "in Christus Jesus" zu finden ist.
- Gal. 4,4-5: Erlösung durch Jesus Christus.

Diese Bibeltexte antworten mit Begriffen, die uns schon im Zusammenhang mit der Rechtfertigung begegneten. Es sind Begriffe, die verschiedene Seiten der "ganz normalen Erlösung" durch Jesus Christus beschreiben: Wer erlöst ist, der ist ein Kind Gottes. Betone diesen Zusammenhang stark, damit die durch Jesus Christus Erlösten auch diesen Teil ihrer neuen Identität bewußter sehen und dadurch ermutigt werden. Erst wenn die Christen wieder entdecken, wer sie in Jesus Christus sind und was sie in Ihm haben, werden sie das ausleben, wozu sie von Ihm begabt und beauftragt sind. Als Gruppenleiter hast Du die wichtige Aufgabe, den Gruppenteilnehmern Jesus Christus und den Inhalt der Erlösung neu "vor Augen zu malen" (Gal. 3,1).
Ein weiteres wertvolles Detail in diesen Texten: Sie beschreiben unsere neue Stellung als Kinder Gottes als einen festen, sicheren Stand, und nicht als einen Zustand, in den man langsam hineinwächst. Kindschaft wird als etwas beschrieben, das in der Erlösung durch Jesus Christus ganz sicher enthalten ist. Dabei ist Gott der Handelnde, und wir sind die Empfangenden:

- Joh. 1,12: "Denen **gab er** Macht (Recht), Gottes Kinder zu werden."
- Gal. 3,26: "Denn **ihr seid alle** ... Gottes Kinder."
- Gal. 4,5: "Damit wir die Kindschaft **empfingen.**"

3. Aufgabe:

- Gal. 4,3-5: Besitzer- und Herrschaftswechsel (versetzt in Sein Reich!). Es ist ein Wechsel vom Gesetz zum Evangelium, vom ständigen Nicht-Genügen zum Genügen, vom Verurteilt-Sein zum Angenommen-Sein.
- V.6: Du bekamst den "Geist seines Sohnes". Das ist der Heilige Geist (Röm. 8,9 / 1.Kor. 3,16 / 1.Kor. 6,19). Dieser Geist will uns kindliches Verhalten lehren, zum Beispiel im Gebet: "Abba, lieber Vater!"
- V.7: Als Kind Gottes bist Du auch ein Erbe Gottes: Auf Dich wartet ein gewaltiger Reichtum an Herrlichkeit, Harmonie und Schönheit im Himmel. Ein Knecht (Sklave) hatte kein solches Recht.

4. Aufgabe:

Das Lesen dieser Gegenüberstellung wird der Kernteil dieses Gruppentreffens sein. Wähle zwei Personen, die die Gegenüberstellung verständlich vorlesen.

Der Schluß dieses Treffens kann ganz verschieden gestaltet werden. Achte auf die Führungen durch den Heiligen Geist. Vielleicht sollte sich nach dem Vorlesen jeder Teilnehmer in die Stille zurückziehen und den Text nochmals für sich allein durchlesen. Vielleicht trefft Ihr Euch nochmals in den Dreiergruppen zum Gedankenaustausch und Gebet. Vielleicht ist eine gemeinsame Gebetszeit dran.

Egal wie Du den Schluß methodisch gestaltest, es geht nun um die entscheidende Frage: Wie lebst Du als ein durch Jesus Christus erlöster Mensch: als Waisenkind oder als Gotteskind?

Lektion 12: Die neue Identität (S. 122)

1. Aufgabe:

Methodische Variante: Nachdem die erste Person erzählt hat, nimmt diese einen Wollknäuel, hält das Ende des Wollfadens fest und wirft den Knäuel einer anderen Person zu, die wiederum von ihrem Erleben und Entdecken erzählt. Auch diese hält anschließend den Wollfaden fest und wirft wiederum jemandem den Knäuel zu. So geht das weiter, bis alle etwas berichtet haben und sich alle am Wollfaden festhalten.

So wie Ihr nun durch ein Wollfadennetz verbunden seid, so seid Ihr durch die Erlösung in Jesus Christus Brü-der und Schwestern, die zusammen zur selben Familie und zu demselben Gott und Vater im Himmel gehören.

Während Ihr den Wollfaden als symbolisches Zeichen der Zusammengehörigkeit noch in Euren Händen festhaltet, könnt Ihr gemeinsam Gott und Jesus Christus danken und Ihn anbeten: dafür, daß Ihr zusam-mengehört, und für alles, was Er unter Euch wirkt.

2. Aufgabe:

In all diesen Bibeltexten geht es um unsere neue Identität durch die Erlösung in Jesus Christus. Verschiedentlich ist diese neue Identität direkt abhängig von irgendeiner Eigenschaft Gottes. Beispiel: In Eph. 3,19 ist von der Liebe Christi (Liebe als eine Eigenschaft von Jesus Christus) die Rede, die wir erkennen sollen, um mit der ganzen Gottesfülle erfüllt zu werden. Doch diese Liebe bestimmt ganz entscheidend Deine neue Identität: Du bist von Gott geliebt.

Bibeltexte	Mit welchen Worten wird in diesen Bibeltexten ein geistlich erneuerter und an Jesus Christus hingegebener Christ beschrieben?	Wie wird in diesen Bibeltexten zu dieser Erneuerung motiviert? Wie kommt es zu dieser Erneuerung?
Eph. 3,18.19	Er ist erfüllt mit der ganzen Gottesfülle.	Durch ein wachsendes Entdecken des Umfangs der Erlösung und des gewaltigen Ausmaßes der Liebe Gottes gegenüber dem Erlösten.
Kol. 3,12	Er erbarmt sich über andere, ist freundlich, demütig, sanftmütig und geduldig.	Dem Erlösten wird seine neue Identität bewußtgemacht: Du bist ein Auserwählter, ein Heiliger, ein Geliebter Gottes.
2.Kor. 6,17-7,1	In der persönlichen Veränderung (Heiligung) will er reifen und wachsen.	Dem Erlösten wird zugerufen: Du bist doch ein Sohn oder eine Tochter Gottes!
1.Kor. 6,20	Sein Leben ehrt Gott.	Dem Erlösten wird zugerufen: Du bist doch ein teuer erkauftes Eigentum Gottes!
Neh. 8,10b	Er ist gestärkt.	Dieser Christ hat Freude an Gott (an Gottes Eigenschaften) und entsprechend Freude an dem, was er in Gott ist, hat und kann.
Eph. 5,1	Er nimmt Gott und Gottes Wort als Vorbild (Gehorsam) an.	Dem Erlösten wird zugerufen: Du bist ein Kind Gottes!
1.Joh. 3,1-3	Er will Jesus ähnlicher werden (= Gehorsam / persönliche Veränderung).	Dem Erlösten wird zugerufen: Du bist jetzt schon ein Kind Gottes, und im Himmel wirst Du Jesus Christus gleich sein!

4. Aufgabe:

Um den Sinn dieser Adreßaktion besser zu verstehen, wird es hilfreich sein, mit der Gruppe kurz die 3. Auf-gabe im Erlebnisteil zu lesen.

Ergänzungsteil: Predigtideen und theologische Denkanstöße

Die hier aufgelisteten Predigtideen und theologischen Denkanstöße sind nur *eine* Quelle, um die Lektionen thematisch zu ergänzen. Weitere Möglichkeiten:

- Die in der Einführung dieser Leiter-Unterlagen unter dem biblisch-theologischen Ansatz zusammengestellten Bibeltexte. Das sind Texte, die sich besonders in der Motivations- und Einstiegsphase für das Arbeiten mit diesem Kursmaterial eignen.
- Bibeltexte, die im Vertiefungsteil schon verwendet wurden, können in einer Predigt weiter vertieft werden.
- Bibeltexte, die im Vertiefungsteil in Klammern gesetzt sind, aufgreifen.
- Eigenständiges theologisches Weiterarbeiten an den Lektionsthemen.

Lektion 1: Gott ist anders (S. 10 - 15)

- ☐ Der Gott der Bibel ist ein Gott, der sich in unserer Geschichte und auf unserem Planeten offenbart hat: Joh. 1,1-18 / 1.Joh. 1,1-4.
- ☐ Wir glauben an den Schöpfer-Gott: Apg. 14,14-17 / Röm. 1,19-20.
- ☐ Wir glauben an Jesus Christus, der durch Zeichen und Wunder zeigte, daß Er der Sohn Gottes (Sohn des Schöpfers) ist: Joh. 10,25.37.38 / 20,30.31.
- ☐ Gott liebt uns. Diese Liebe gilt es zu erkennen, und an ihr dürfen und müssen wir festhalten (glauben): 1.Joh. 4,7-16.
- ☐ Gott stellt sich Elia vor: 1.Kön. 19,11.12.
- ☐ Gott stellt sich Hiob vor: Hiob 38-42.
- ☐ Im Leben von Jesus Christus können wir sehen, wie Gott ist: Joh. 14,8-11.
- ☐ Eigenschaften Gottes als Motivation zur persönlichen Veränderung und Erneuerung: 1.Petr. 2,3.

Lektion 2: Erneuerung durch Jesus Christus (S. 16 - 27)

- ☐ Jesus Christus will uns auch als Fürsprecher und Fürbitter vor Gott dienen: 1.Joh. 2,1 / Röm. 8,34 / Hebr. 7,25.
- ☐ Jesus Christus will uns auch als ständiger Begleiter durch den Heiligen Geist dienen: Mat. 28,20 / Joh. 14,16-18.
- ☐ Jesus Christus, das Geheimnis Gottes: Kol. 1,24-29.
- ☐ Bedeutung der Namen "Jesus, Christus, Sohn Gottes".
- ☐ Jesus Christus als "Mittler" des neuen Bundes: 1.Tim. 2,5.
- ☐ Die Predigt über Jesus Christus als der Gekreuzigte: 1. Kor. 2,1-5.
- ☐ Jesus Christus, der Auferstandene: 1. Kor. 15.
- ☐ Mahnung zur Einfalt und Reinheit gegenüber Jesus Christus: 2.Kor. 11,3.

Lektion 3: Erneuerung durch Gottes Wort (S. 28 - 35)

- ☐ Das Wort Gottes hat nur dann auch eine Wirkung, wenn es vom Menschen angenommen wird: Mat. 13,1-9 / 18-23.
- ☐ Das Wort Gottes beschreibt Ereignisse und Beispiele aus der Geschichte, um uns damit Gottes Willen anschaulich zu erklären. In 1. Kor. 10,1-14 wird uns ein solches Ereignis beschrieben. Es dient "uns zum Vorbild": Wir sollen das ernst nehmen, was Gott uns sagt.
- ☐ Die Aufgabe von Gottes Wort im Veränderungsprozeß des Menschen (Heiligung): 2.Tim. 3,16.
- ☐ Wie die Bibel ihre hilfreiche und heilende Kraft selber beschreibt:
  - Das Wort Gottes macht gesund (griechisch: hügiaino = gesund sein / siehe auch 3.Joh. 1,2, wo dasselbe griechische Wort im Zusammenhang mit körperlicher Gesundheit gebraucht wird):
    - 1.Tim. 1,10: "heilsame Lehre"
    - 1.Tim. 6,3-4: "heilsame Worte unseres Herrn Jesus Christus"
    - 2.Tim. 1,13: "Halte dich an das Vorbild der heilsamen Worte."
    - Ps. 107,20: "Er sandte sein Wort und machte sie gesund."
  - Jes. 48,17: Gott lehrt mich, was mir hilft.
  - Ps. 119,103: Das Wort Gottes ist süßer als Honig.
  - Ps. 119,105: Das Wort Gottes ist wie Licht auf dem Weg.
  - Ps. 119,130: Das Wort Gottes erfreut und macht klug die Unverständigen.
  - Jer. 15,16: Das Wort Gottes ist wie Nahrung. Es erfreut das Herz. Es tröstet.
  - Mat. 11,28.29: Wenn ich von Jesus lerne, so werde ich "erquickt" und werde "Ruhe finden für meine Seele (Psyche)". (Vgl. Ps. 94,19)
  - Joh. 17,17: "Heilige sie in deiner Wahrheit. Dein Wort ist die Wahrheit." = Das Wort Gottes wirkt reinigend und heilend.
  - Jer. 23,29: "Ist mein Wort nicht wie ein Feuer, spricht der Herr, und wie ein Hammer, der Felsen zerschmeißt?" = Das Wort Gottes kann Sünde aufdecken. Es kann das Äußere aufsprengen, damit wir das Böse in uns erkennen.
  - Jes. 55,10.11: Das Wort Gottes wirkt wie Regen, der den Boden befeuchtet und ihn dadurch fruchtbar macht. Deshalb wird Gottes Wort "nicht wieder leer zurückkommen, sondern wird tun, was mir gefällt, und ihm wird gelingen, wozu ich es sende." So wächst zum Beispiel der Glaube aus den Wahrheiten des Wortes Gottes (Röm. 10,17).
  - Hos. 4,6: "Mein Volk ist dahin, weil es ohne Erkenntnis ist." = Das Wort Gottes wirkt aufbauend und fördernd.
- ☐ Ergänzung der 3. und 4. Lektion durch die beiden Filme "Pilgrim' s Progress" und "Christiana" (zu beziehen durch christliche Filmverleihstellen).

Lektion 4: Voraussetzungen, damit die Bibel kräftig an uns wirkt (S. 36 - 43)

- ☐ Gottes Wort ist die Grundlage des Glaubens: 2.Petr. 1,16-21 / Röm. 10,17.
- ☐ Gottes Wort als Quelle der Kraft: Jos. 1,1.6-9.
- ☐ Gottes Wort als Tatsachenbericht: 1.Joh. 1,1-4 / Luk. 1,1-4.
- ☐ Gottes Wort als Werkzeug des Heiligen Geistes: Röm. 15,4.13. In diesem Text werden der Geist Gottes und das Wort Gottes als Quelle der Hoffnung gleichgesetzt.
- ☐ Die Umkehr zu Gott besteht in einer Umkehr von der Unwahrheit zur Wahrheit: Eph. 4,21 / 2.Tim. 2,25 / Röm. 1,18.25 / 2,8.
- ☐ Wer das Wort Gottes nicht kennt, der verirrt sich und kennt die Kraft Gottes nicht: Mat. 22,29.

Lektion 5: Erlöst durch Jesus Christus (S. 44 - 53)

- ☐ Irgendein Ausschnitt aus Luk. 22-24 (vom Verrat durch Judas bis zur Himmelfahrt von Jesus Christus).
- ☐ Der verlorene (gerettete!) Sohn: Luk. 15,11-32 (besonders die Verse 21-24).
- ☐ Jesus Christus verändert sich nicht. Auch heute noch haben wir denselben Jesus Christus, den Paulus, Lydia oder Petrus erlebten: Hebr. 1,10-12 / 13,8 / 4.Mo. 23,19 / Mal. 3,6.
- ☐ Jesus Christus: der Weg, die Wahrheit, das Leben: Joh. 14,6.
- ☐ Jesus Christus: der einzige Weg zu Gott: Apg. 4,12 / Joh. 14,6 / Mat. 7,13.
- ☐ Jesus Christus wohnt durch den Heiligen Geist in uns. Aufgabe und Funktion des Heiligen Geistes: Joh. 14,15-26 / 16, 5-15.

Lektion 6: Erlöst in eine neue Stellung hinein (S. 54 - 63)

- ☐ Durch die Erlösung sind wir eins mit Jesus Christus wie die Rebe am Rebstock: Joh. 15,1-5.
- ☐ Verschiedene Bilder und Formulierungen, die das Wunder der Sündenvergebung beschreiben: Ps. 32,1.2 / 51,4 / Jes. 1,18 / 38,17 / 43,25 / Micha 7,19 / Kol. 2,14.
- ☐ Das Vorrecht, Gott zu gehören: Jes. 43,1.2.

Lektion 7: Ein tragisches Mißverständnis (S. 64 - 77)

- ☐ Gott ist Liebe: 1.Joh. 4,8.16 / 2.Kor. 13,11 / Eph. 2,4.
- ☐ So wie Gott Seinen Sohn Jesus Christus liebt, so liebt uns Jesus Christus, wenn wir Seine Jünger sind: Joh. 15,9.
- ☐ Jesus Christus liebt die Menschen: Mat. 9,36 / Mark. 10,21 / Luk. 19,8 / 23,34 / Joh. 10,14.15 / 11,3.5.36 / 13,1 / Zef. 3,17.
- ☐ Wer Jesus Christus liebt, den erreicht die volle Liebe Gottes: Joh. 16,27.
- ☐ Gottes Liebe ist größer als unsere Untreue: Luk. 22,54-62 / Joh. 21,15f. / 2.Tim. 2,13.
- ☐ Ergänzung durch den Film "Hudson Taylor" (zu beziehen durch christliche Filmverleihstellen).

Lektion 8: Ein neues Recht (S. 78 - 91)

- ☐ Aussagen über die Unschuld von Jesus Christus:
  - Judas: Ich habe unschuldiges Blut verraten: Mat. 27,4.
  - Die Frau des Pilatus nennt Ihn "den Gerechten": Mat. 27,19.
  - Pilatus: Ich finde keine Schuld an Ihm: Mat. 27,23a.
  - Herodes: "Er hat nichts getan, was den Tod verdient": Luk. 23,15.
  - Verbrecher am Kreuz: "Er hat nichts Ungerechtes getan": Luk. 23,41.
  - Johannes: Es ist keine Sünde an Ihm: 1.Joh. 3,5.
  - Paulus: Jesus hatte nie gesündigt: 2.Kor. 5,21.
  - Petrus: Jesus hatte nie gesündigt: 1.Petr. 2,22.
  - Der Schreiber des Hebräerbriefes: Er blieb in allem ohne Sünde: Hebr. 4,15.

  Weshalb mußte Jesus Christus trotzdem sterben? Er trug unsere Sünde: 1.Petr. 2,24.
- ☐ Der Mensch unter der Last der Sünde: Jes. 64,4-6.
- ☐ Gott will dem Menschen helfen: Jes. 65,1f.
- ☐ Gott haßt die Sünde, aber liebt den Sünder: Mat. 9,9-13 / Luk. 15,2 / Röm. 5,6-8.

Lektion 9: Ein geschenktes Recht (S. 92 - 101)

- ☐ Versöhnt mit Gott: 2. Kor. 5, 17-21 / Kol. 1,19-23.
- ☐ Erlöst durch den Glauben: Joh. 3,14-18.36.
- ☐ Die Geschichte vom verlorenen Sohn lehrt uns unter anderem, daß unsere Rechtfertigung nicht darin besteht, daß wir zuerst zu gerechtem Handeln gezwungen werden, bevor uns Gott annimmt. Wenn der Sünder durch den Glauben an Jesus Christus zu Gott (dem Vater) zurückkommt, schickt ihn der Vater nicht fort, damit er sich zuerst reinigt, um ihn erst dann zu empfangen. Nein, Er umarmt ihn augenblicklich. Gott als Vater schließt uns in dem Augenblick in Seine Arme, in dem wir Jesus Christus als unseren Erlöser annehmen, obwohl wir noch fähig sind zu sündigen: Luk. 15,11-24.
- ☐ Die Rechtfertigung durch die Erlösung in Jesus Christus: ein Rollentausch und ein neues, geschenktes Recht: Röm. 4,1-9.22-25.

Lektion 10: Ein umkämpftes Recht (S. 102 - 111)

- ☐ Frieden mit Gott: Röm. 5,1-11 / Eph. 2,14-22.
- ☐ Wir vergessen schnell, was wir haben durch die Erlösung in Jesus Christus: Ps. 103,1-5 / 2.Petr. 1,9.
- ☐ Der Ausweg aus der Gesetzlichkeit: Röm. 12,16-18 / 1.Kor. 6,12 / Gal. 5,13.

Lektion 11: Kind Gottes (S. 112 - 121)

- ☐ Wie der Mensch ein Kind Gottes werden kann: Joh. 1,11-13 / Gal. 3,26.
- ☐ Kinder Gottes sind auch Erben Gottes: Röm. 8,15-17.
- ☐ Gott sorgt für Seine Kinder: Mat. 6,25-34.
- ☐ Gott erzieht Seine Kinder: Hebr. 12,5-11.

Lektion 12: Die neue Identität (S. 122 - 131)

- ☐ Kenntnis über die neue Identität als Motivation zur Heiligung: 1.Kor. 6,18-20.
- ☐ Die neue Identität ist das, was jetzt zählt, nicht die alte: 1.Kor. 6,9-11.
- ☐ Die falsche Blickrichtung: Hebr. 12,1.2 / Mat. 14,22-33.
- ☐ Leben aus der neuen Identität: Phil. 3,12-16.
- ☐ Die tragische Vergeßlichkeit der Christen: 2.Petr. 1,9 / Ps. 78,7 / 103,1-5 / Hos. 13,6 / Klagel. 3,17 / Jes. 51,13 / Jer. 13,25 / 50,5.
- ☐ Beschreibungen unserer neuen Identität in den Briefanfängen: 1.Kor. 1,2 / Eph. 1,1 / Phil. 1,1 / Kol. 1,2.

Leiterbuch zu Teilnehmerbuch 2

Inhalt

Lösungen

Lösungen zu den Fragen und Aufgaben im Entdeckungsteil der Lektionen 13-26:

Diese Lösungsvorschläge bieten lediglich kurze und allgemein formulierte Denkanstöße. Im Gruppengespräch sollten detailliertere und stärker praxisbezogene Lösungen gesucht werden.
Du wirst nicht zu jeder Aufgabe einen Lösungsvorschlag finden, da einige sehr leicht zu lösen sind und andere wiederum aus einem freien Austausch in der Gruppe bestehen, der nicht auf eine fixe Antwort abzielt.

Lektion 13: Heiligung - ein verstaubtes Wort? (S. 8)

1. Aufgabe:

Die Beiträge dürfen nicht gewertet werden. Dieser Einstieg soll lediglich zum Mitdenken anregen und zeigen, was an Kenntnis vorhanden ist. Eventuell können einige der Beiträge am Schluß des Treffens vom Gruppenleiter nochmals aufgegriffen und kurz kommentiert werden.

2. Aufgabe:

Absondern vom Bösen, um Gott zu gehören, Ihm zu gehorchen, Ihm zu dienen.

3. Aufgabe:

Bibeltexte	**1. Seite**	**2. Seite**
- 1. Thess. 5,22.23		x
- Kol. 3,12.13	x	x
- 1. Kor. 6,11	x	
- 2. Kor. 7,1		x
- Eph. 5,25.26	x	
- Eph. 5,3	x	x

5. Aufgabe:

Siehe Vertiefungsteil Punkt 3 (evtl. diesen Punkt gemeinsam lesen).
Nach einem ersten gemeinsamen Austausch kann das Zusammenwirken der beiden Seiten der Heiligung auch nochmals anhand der Pfeilgrafiken aus der 7. Lektion erklärt werden: Der breite Pfeil (von oben nach unten) beschreibt die schon abgeschlossene Heiligung, der schmale Pfeil (von unten nach oben) die noch andauernde Heiligung.

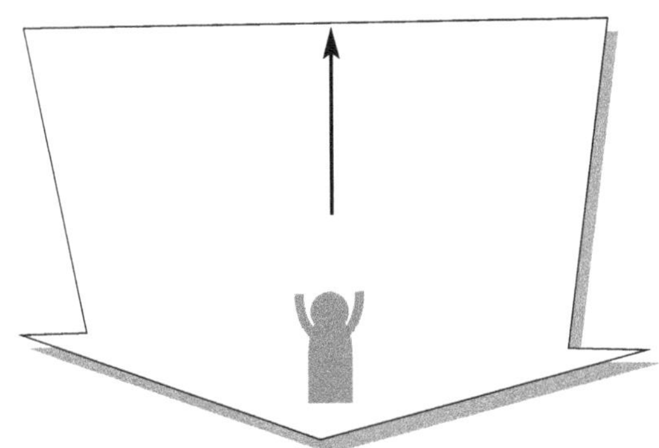

Es wird besonders wichtig und seelsorgerlich wertvoll sein, wenn die Gruppenteilnehmer begreifen, daß sie während der noch andauernden Heiligung voll und ganz von Gott akzeptiert und in Gott geborgen sind: aufgrund der schon abgeschlossenen Heiligung.
Achtung: Nicht die noch andauernde Heiligung bewirkt die Erlösung, denn diese ist uns längst in der schon abgeschlossenen Heiligung angerechnet. Diese Sicht ist wichtig, um der geistlichen Gesetzlichkeit, dem geistlichen Leistungsstreß und der Resignation entgegenzuwirken. Mit einem der folgenden Bibeltexte kann das Zusammenwirken der beiden Seiten der Heiligung vertiefend erklärt werden: Eph. 5,1.2.9/ Kol. 3,1.8-10.12.13/ 1. Petr. 1,14.15.
Es könnte auch eine Hilfe sein, wenn Du in der Vorbereitung der Lektion verschiedene falsch verstandene Heiligungsvarianten durch Verändern der Pfeilgrafik aus der 7. Lektion auf einem Blatt zeichnerisch darstellst. Am besten kopierst Du das Blatt mit den von Dir veränderten Grafiken, um es dann in die Dreiergruppen geben zu können. Die Teilnehmer können die Grafiken diskutieren und den jeweiligen falschen Ansatz erarbeiten.
Einige Beispiele falsch verstandener Heiligung:

- Der dünne Pfeil befindet sich außerhalb des breiten Pfeils.
- Der dünne Pfeil befindet sich außerhalb des breiten Pfeils und ist zusätzlich ebenso breit oder noch breiter.
- Es ist nur der Pfeil aufgezeichnet, der von unten nach oben führt; dieser ist aber um so breiter.

Gebetszeit in den Dreiergruppen. Jeder betet mit Namen für eine Person aus der eigenen Dreiergruppe. Betet um viel Einsicht durch das Wort Gottes und durch den Geist Gottes bei der Arbeit an den folgenden Lektionen.

Lektion 14: Weshalb persönliche Veränderung? (S. 16)

1. Aufgabe:

Laß den Teilnehmern für jedes Verbinden eines Bibelversteils etwas Zeit, damit alle die Möglichkeit haben, die jeweilige Lösung zu finden. Anschließend sagt ein Teilnehmer die richtige Lösung. Diese Aufgabe soll spielerisch einen ersten Kontakt mit den Bibeltexten dieser Lektion vermitteln.

2. Aufgabe:

Siehe Punkt 1 im Vertiefungsteil.

3. Aufgabe:

Siehe Punkt 2 im Vertiefungsteil.

5. Aufgabe:

Siehe Punkt 4 im Vertiefungsteil.

Lektion 15: Ein neues Verhältnis zur Sünde (S. 24)

1. Aufgabe:

Durch die Erlösung in Jesus Christus ist jeder Erlöste vom Herrschaftsanspruch der Sünde befreit: er ist dem Herrschaftsanspruch der Sünde gestorben.
Achtung: Nicht die Sünde ist gestorben, sondern das frühere Verhältnis des Erlösten zu ihr, jenes Verhältnis, in dem die Sünde den rechtlichen Anspruch hatte, ihn zu beherrschen. Sie hatte diesen rechtlichen Anspruch, weil er Satan (der Sünde) und noch nicht Gott gehörte. Aber dieses Verhältnis zur Sünde ist nun vorbei, denn die Erlösung hat ganz neue Verhältnisse geschaffen: Jeder Erlöste gehört Gott. Das ist eine abgeschlossene Tatsache. Das ist der Kern des neuen Lebens!
Deshalb darf jeder durch Jesus Christus erlöste Mensch von sich sagen: "Ich bin der Sünde gestorben. Ich muß nicht mehr sündigen! - Ich kann noch, aber rechtlich gesehen muß ich nicht mehr. Ich bin der Sünde nichts mehr schuldig."

2. Aufgabe:

Durch das Einswerden mit Jesus Christus, d.h. durch das Einswerden mit Ihm in Seinem Kreuzestod und in Seiner Auferstehung, wurden wir vom Herrschaftsanspruch der Sünde befreit. Was am Kreuz und in der Auferstehung mit Jesus Christus geschah, vollzieht sich an jedem Menschen in dem Moment, in dem er durch Jesus Christus erlöst wird: Er stirbt mit Ihm und steht mit Ihm auf zu einem neuen Leben.
Dieses Einswerden wird in Römer 6,3.4 mit dem Wort "taufen" beschrieben. Dabei dürfen wir nicht sofort an die Wassertaufe denken, denn das griechische Wort für "taufen" bedeutet zunächst einmal "eintauchen / untertauchen". Wenn in Römer 6,3.4 steht, daß wir durch die Taufe eins gemacht wurden mit Jesus Christus, so ist damit nach meiner Erkenntnis das "Eintauchen" (das Hineingeben / die Hingabe) in Jesus Christus durch die persönliche Umkehr zu Ihm gemeint. Dieses "Eintauchen" und damit das Einswerden mit Jesus Christus kann dann in der Wassertaufe bildhaft als Bekenntnis nach außen dargestellt werden. Eine hilfreiche Erklärung zur Taufe in Römer 6 ist in dem Buch "Der Kampf zwischen Fleisch und Geist bei Paulus" von dem Theologen E. Mauerhofer (Trachsel Verlag) zu finden.

3. Aufgabe:

Beide Aussagen sind richtig. Sie sind kein Widerspruch, sondern eine Einheit. Sie ergänzen sich. Dazu ein Vergleich: Ein Mensch, der nach jahrelanger Geiselhaft befreit worden ist, muß lernen, in dieser neuen Freiheit zu leben. Seine Erinnerungen, Verbitterungen und sein Haß müssen "ausheilen". Vielleicht muß der Umgang mit der Arbeit, der Freizeit und den Beziehungen neu gelernt werden. In diesem Sinn ruft man dem ehemals Gefangenen zwei scheinbar widersprüchliche Aussagen zu:
- 1) "Du bist jetzt befreit von der Herrschaft der Geiselnehmer!"
- 2) "Laß dich von ihnen nicht mehr beherrschen!"

Beide Aussagen sind richtig, wichtig und ergänzen sich. Jede will zu etwas ganz Bestimmtem auffordern:
- 1) "Du lebst in völlig neuen Verhältnissen: Du bist nicht mehr im Besitz der Geiselnehmer! Du bist wieder zu Hause bei deiner Familie!"
- 2) "Geh davon aus, daß du befreit bist! Akzeptiere deine neue Situation! Denke von deiner neuen Freiheit her! Laß dich nicht mehr beherrschen durch die Geiselnehmer, indem du das in der Geiselhaft Erlittene und Gelernte immer wieder hervorholst, darüber nachdenkst und dich dann entsprechend verhältst!"

Genauso ruft uns Gott in Römer 6 zu:

- "Du bist von der Sünde befreit!"
- "Indem du von dieser Tatsache her lebst, wirst du dich nicht mehr von ihr beherrschen lassen!" (vgl. V.11)

Es geht also erneut darum, daß wir uns so sehen, wie Gott uns sieht - daß wir das, was Gott über uns sagt, als Wahrheit Gottes akzeptieren und beanspruchen anstelle unserer selbstgebastelten Lügen. Diese Glaubenssicht ist eine entscheidende Grundlage für persönliche Veränderung und Erneuerung und für unseren Sieg im Kampf gegen die Sünde.

Lektion 16: Wo beginnt persönliche Veränderung? (S. 34)

2. Aufgabe:

Persönliche Veränderung beginnt in der Gesinnung unseres Herzens und führt von dort nach außen in unser Verhalten und Erleben (siehe Punkt 1 im Vertiefungsteil).
Schaut Euch in Punkt 1 des Vertiefungsteils besonders auch die beiden Bilder (Baum und Becher) an, mit denen die Bibel den Weg der Veränderung und Erneuerung von innen nach außen bildlich darstellt.

3. Aufgabe:

1. Aufgabe: Neid, Streit, Lüge, Unordnung, allerlei Böses; gierig sorgt jeder nur für sich (= keine Zeit für die anderen, keine Zeit für Mitarbeit, geringe finanzielle Unterstützung), die Gemeinde "hat nichts" (= das Leben fehlt; Zuwachs durch Bekehrungen fehlt) usw.

2. Aufgabe: In der Gesinnung ihres Herzens orientieren sich diese Christen vorwiegend an der eigenen Lust, die habsüchtig, gierig und egoistisch nur sich selber versorgen will. Aus dieser lustbetonten Gesinnung heraus wächst dann das entsprechende Verhalten.

3. Aufgabe: Nichts außer persönlicher Enttäuschung und Müdigkeit (Jak. 4,2.3).

4. Aufgabe: Jakobus 3,17 bietet wertvolle Stichworte für ein positives, gottgewolltes Gemeindeklima. Versucht diese Stichworte mit konkreten Beispielen inhaltlich zu füllen.

Lektion 17: Die Habsucht und ihre verheerenden Folgen (S. 46)

1. Aufgabe:

A) Im Herzen dieser Grafik sollten die folgenden Formulierungen stehen: Böse Gedanken / Habgier / voller Raub und Gier / getrieben von Habsucht / trügerische Begierden / gierig / nur den eigenen Weg sehen / auf Gewinn aus sein / Geldgier (Besitzgier).

B) Um das Herz herum sollten die folgenden Formulierungen stehen: Nie satt von der Sünde werden / zugrunde richten / nie satt werden / vom Glauben abirren / sich selbst viel Schmerzen machen.

Mehr dazu siehe Vertiefungsteil Punkt 1 und 3.

Wenn die Aussagen der Bibeltexte in die Grafik übertragen worden sind, ist es wichtig, daß Du als Leiter nochmals sorgfältig den größeren Zusammenhang erklärst, in dem wir uns mit dieser Lektion bewegen:

- In der letzten Lektion sahen wir, daß Veränderung und Erneuerung von innen nach außen verlaufen muß (von der Wurzel und dem Stamm zu den Früchten) und daß nicht bloß äußerlich herumgeflickt werden darf.
- Die Wurzel und der Stamm des Menschen ist die Gesinnung in seinem Herzen. In dieser Gesinnung sind seine Grundannahmen, Überzeugungen, Ziele und Motive zu Hause.
- Dieses Herz ist jedoch laut Bibel durchdrungen von "Habgier", "Raub und Gier", "Begierde", "Habsucht" usw. Mit diesen Formulierungen beschreibt die Bibel die Sünde.
- Folglich muß persönliche Veränderung und Erneuerung dort, bei der Habsucht in der Gesinnung unseres Herzens, ansetzen, denn von dort aus wird das persönliche Verhalten und Erleben bestimmt.

Zeige und erkläre der Gruppe als Abschluß dieser Aufgabe die Grafik in der Zusammenfassung des Vertiefungsteils dieser Lektion, damit die Teilnehmer den schrittweisen Aufbau der Gedanken erkennen:

2. Aufgabe:

Siehe Punkt 4 im Vertiefungsteil.

3. Aufgabe:

Habsucht ist deshalb Götzendienst, weil der von der Habsucht geriebene Mensch (und das sind wir alle, wenn auch in unterschiedlichem Maß und unterschiedlich getarnt) Götzen anstelle von Gott verehrt, ihnen dient und sie letztlich anbetet. Das sind in der Regel nicht materielle Götzen, sondern allerlei innermenschliche Befriedigungsvarianten: Sucht nach Macht, Anerkennung, Sicherheit, Kontrolle, Lustbefriedigung usw.
Mehr dazu siehe Vertiefungsteil Punkt 2. Siehe auch das Zitat von M. Dieterich am Schluß des Vertiefungsteils in Lektion 16.

Lektion 18: Es gibt einen Ausweg (S. 60)

2. Aufgabe:

A) **Die Grundannahmen** (Überzeugungen) in 5. Mose 1,27.28:
- "Der Herr ist uns gram" (= Der Herr haßt uns).
- "Er führte uns aus Ägypten, um uns durch die Amoriter zu vertilgen."
- "Die Kundschafter haben uns verzagt gemacht."
- "Das Volk in diesem neuen Land ist größer und höher gewachsen als wir."
- "Die Städte sind groß und bis an den Himmel ummauert."

Diese Grundannahmen bestehen mehrheitlich aus Übertreibungen, Lügen, Unterstellungen, Glauben ans Negative, Ausklammern von Gottes Zusagen und Möglichkeiten.
Weise die Gruppenteilnehmer anhand praktischer Beispiele darauf hin, daß auch unsere Probleme meistens auf solchen falschen Grundannahmen beruhen.

Die Ziele und Motive in Vers 26:
- Sie wollen nicht ins neue Land ziehen. Mit anderen Worten: Sie wollen die Herausforderung nicht annehmen, vor der Aufgabe flüchten, möglichem Leiden ausweichen. Sie wollen den Weg des scheinbar geringeren Widerstands gehen.

Die Früchte, die aus dem Gesamtabschnitt ersichtlich sind:
- Die Israeliten werden Gott ungehorsam und bleiben in der Wüste.
- Die Angst nimmt zu.
- Unzufriedenheit, Murren, Streit und Aufsplitterung entstehen. Andere werden angeklagt und verurteilt (besonders Gott und die Führer des Volkes).

B) Das seelsorgerliche Engreifen von Mose steht in den Versen 29-33: Er fängt bei den Früchten an ("Entsetzt euch nicht, fürchtet euch nicht"), aber geht dann sofort an die Wurzel ihres Problems: an die falschen Grundannahmen. Den darin enthaltenen Lügen setzt er die Wahrheit entgegen:
- "Gott wird mit euch ziehen und euch helfen, so wie er das in Ägypten und in der Wüste getan hat. Ihr konntet das ja mit euren eigenen Augen sehen."
- "Gott hat euch doch durch Schwierigkeiten hindurchgetragen, wie ein Vater seinen Sohn."
- "Trotz Gottes Hilfe vertrautet ihr Ihm auch damals nicht!"
- "Durch die Wolken- und Feuersäule hat Er euch doch in bester Weise geführt."

3. Aufgabe:

A) "Vom verkehrten Denken in die Irre geführt." Vgl. Eph. 4,17
"Laßt eure Gesinnung vom Geist Gottes erneuern!" Eph. 4,23
B) "Blind sein für die Wahrheit." = Das Erkennen der Wahrheit würde ihnen helfen. Vgl. Eph. 4,18
"Leben, wie Gott es haben will. Der Weg dazu ist euch durch das Wort der Wahrheit eröffnet, das nicht trügt." Vgl. Eph. 4,24
A) "Sie treiben jede Art von Unzucht und sind von unersättlicher Habgier." Eph. 4,19
"Die selbstsüchtigen Wünsche." Vgl. Eph. 4,22

D) "Die Habgier ist unersättlich." Vgl. Eph. 4,19
"Die selbstsüchtigen Wünsche sind trügerisch und bringen nur den Tod." Vgl. Eph. 4,22
E) "Weil sie Gott nicht kennen und nichts von ihm wissen wollen, sind sie blind ..." Vgl. Eph. 4,18. Die entsprechende positive Aussage wäre: "Weil sie Gott kennen (Seine Eigenschaften und die Erlösung durch Ihn), sind sie sehend."
"Ihr wißt, daß sich ein solches Leben nicht mit Christus verträgt, wie ihr ihn kennengelernt habt." = Wer Jesus Christus und die Erlösung durch Ihn kennenlernt, der merkt, daß die Sünde nicht mehr zu einem Leben mit Jesus Christus paßt. Eph. 4,20

Bei diesem Vergleichen und Zusammentragen geht es darum, daß die Gruppenteilnehmer immer mehr merken: Die in diesen Lektionen gemachten Aussagen stimmen mit dem, was die Bibel sagt, ganz genau überein. Betont und wiederholt diese Übereinstimmung.
Sie sollen auch merken, daß man die Bibel an verschiedenen Orten aufschlagen kann und dabei immer wieder auf dasselbe Modell biblischer Veränderung stößt.

Lektion 19: Vertrauen und Gehorsam statt Habsucht (S. 74)

1. Aufgabe:

A) = geduldig
B) = Heuchler
Für diese Aufgabe höchstens 5 Minuten Zeit einplanen.

2. Aufgabe:

Es ist sicher nicht empfehlenswert, alle drei Beispiele zusammen in der Gesamtgruppe durchzulesen. Das würde zuviel Zeit und Aufmerksamkeit beanspruchen. Mein Vorschlag: Stelle jede der drei Personen und ihre Situation kurz mündlich vor. Anschließend sollen die Teilnehmer ihre Wahl treffen, sich innerhalb der jeweiligen Interessengruppen treffen und dort ihren "Fall" genau lesen.
Die hier abgedruckten Lösungsvorschläge sind sehr vereinfacht gestaltet. Im Gespräch kann selbstverständlich viel differenzierter vorgegangen werden. Gib jeder Dreiergruppe gegen Ende ihres Gruppengesprächs eine Kopie der folgenden Lösungsansätze:

A) Andreas: Seine Grundannahmen und Ziele sind bestimmt von einem habsüchtigen Festhalten an "seiner Ruhe", Position und Sicherheit. Er will die verschiedensten Lebensbereiche absolut unter Kontrolle haben und unnachgiebig auf seinen Rechten beharren. Solange diese herrschsüchtige innere Ausrichtung nicht als Sünde erkannt, vor Gott bekannt und durch kindliches Vertrauen auf Gottes Führung ersetzt und eingeübt wird, wird sich im Verhalten und Erleben von Andreas nichts ändern - trotz allem Beten.

B) Melanie: Ihre Grundannahmen und Ziele sind ausschließlich bestimmt von ihrem Bedürfnis nach einem andersgeschlechtlichen Partner. Das ist ganz sicher ein gutes und verständliches Bedürfnis. Aber dieses Bedürfnis hat die Führung übernommen und ist dadurch zu Melanies Götzen geworden: Sie hat vergessen zu fragen, was Gott zu der ganzen Sache meint. Offensichtlich hat sie die Gemeinschaft mit Gott vernachlässigt und jedes Mitdenken der Eltern verachtet, durch das Gott auch zu ihr reden kann.

Das freie Ausleben ihrer Gefühle wird nicht die Lösung sein, aber auch nicht das vorschnelle Auflösen der Freundschaft. (Ich meine ein Auflösen der Freundschaft, ohne daß in ihren Grundannahmen und Zielen Einsicht und Veränderung stattfindet.) Sie muß vor Gott erkennen und bekennen, daß sie sich in ihrer Gesinnung mehr und mehr für ihre eigenen, habsüchtigen Bedürfnisse und Vorstellungen entschieden und dabei Gott ausgeklammert hat.

C) Edith: Ihre schwächere Belastbarkeit (körperlich und nervlich) und die erlebten Schicksale dürfen nicht bagatellisiert werden. Aber Satan nutzt sie aus (wie so oft), um sie dadurch noch mehr zu schwächen. Und Edith macht bei diesem selbstzerstörerischen Spiel (vermutlich unbewußt) mit: In ihren Grundannahmen und Zielen dominieren Denkmuster, die habsüchtig nach Anerkennung und Bestätigung gieren; Denkmuster, die bestens trainiert sind, das Negative und das, was sie gemäß ihren überzogenen Erwartungen noch nicht hat, zu suchen. All das sammelt sie fleißig und setzt es anklagend gegen sich, gegen Menschen und auch noch gegen Gott ein. Ob das Gesammelte dann tatsächlich der Wahrheit entspricht und in einem vernünftigen Verhältnis zu ihr steht, danach wird kaum gefragt (= die Lügen der Habsucht). Voller Selbstmitleid dreht sie sich um sich selbst und schafft damit in ihrer Psyche ein Klima, auf das Nerven und Körper mit reaktiven Depressionen reagieren.
Erst wenn Edith diesen Glauben an ihre Lügen als Sünde vor Gott erkannt und bekannt hat, ist für sie der Weg frei, um durch viel Üben ein dankbares und gottvertrauendes Denken zu lernen. Nach einer ärztlichen Abklärung könnte auch eine medikamentöse Behandlung durch ein Antidepressivum als zeitweise Unterstützung eine gewisse Erleichterung bieten. Aber ein Medikament kann die persönliche und lernbereite Erneuerung von innen nach außen nie ersetzen.

Vielleicht ist auch jemand aus der Gruppe bereit, ein aktuelles persönliches Problem aus seinem Leben als "Fallbesprechung" innerhalb der Gruppe zu diskutieren. Das wäre noch wertvoller, als sich mit den hier konstruierten Beispielen zu beschäftigen.

Lektion 20: Wie kann ich persönliche Veränderung erleben? (S. 86)

Vorbemerkung: Mir ist bewußt, daß der Vertiefungsteil dieser Lektion sehr umfassend ausgefallen ist. Das kommt daher, daß hier mit Hilfe eines überschaubaren Modells vieles aus vergangenen Lektionen wieder zusammengebaut und zusätzlich durch eine Fallbeschreibung (Cornelia) veranschaulicht wird.
Weise die Teilnehmer nachhaltig darauf hin, daß diese Lektion mehr einem "Nachschlagewerk" gleicht und nicht dazu da ist, am Stück durchgelesen zu werden. Sie brauchen sich von der Fülle des Materials im Vertiefungsteil nicht erdrücken lassen! Statt dessen dürfen sie ihn wiederholt zu Rate ziehen und langsam verdauen (persönliche Veränderung ist ein Prozeß und kein einmaliges Ereignis!).

1. Aufgabe:

A) Lesen, Schreiben, Rechnen, Bedienen des Computers oder einer anderen Maschine, Fremdsprachen lernen usw.
B) Die schrittweise Aufgliederung einer Aufgabe hat den Vorteil, daß wir komplexere Aufgaben leichter lernen können. Eine Aufgliederung macht uns eine Aufgabe überschaubarer, und so gewinnen wir eher den Überblick über das Ganze. Eine schrittweise Aufgliederung kann auch die Angst nehmen vor dem völlig Unüberblickbaren, Unzugänglichen und Unnahbaren und davor, daß dieses oder jenes nur für einige wenige Spezialisten zugänglich ist, nicht aber für mich.
Der Nachteil einer solchen Aufgliederung: Sie ist in der Regel künstlich, schematisch und kann realitätsfern sein.

Nach diesen Erkenntnissen über Vor- und Nachteile einer schrittweisen Aufgliederung gilt es nun, als Leiter zu dem in dieser Lektion vorgestellten Modell zur persönlichen Veränderung überzuleiten. Auch dieses Modell ist eine solche schrittweise Aufgliederung mit all ihren Vor- und Nachteilen. Sprich mit der Gruppe darüber, und führe sie langsam an dieses Modell heran.

2. Aufgabe:

Eine kurze mündliche Erklärung des Modells durch den Leiter wird hilfreich sein.

3. Aufgabe:

Kopiere für diese Aufgabe für jeden Teilnehmer die Seite 102 im Vertiefungsteil dieser Lektion.

Lektion 21: Ich fühle mich überfordert (S. 104)

1. Aufgabe:

Methodischer Hinweis: Der Gruppenleiter sollte für diese Lektion den Vertiefungsteil besonders gründlich lesen, bevor er den Gruppenabend gestaltet, denn darin werden Überlegungen aufgezeigt, die für die Beratung von Rolf grundlegend sind. Deshalb folgen hier nur kurze Hinweise:
- Rolf kennt nur den Aufruf zum Gehorsam gegenüber Gott (= Heiligung aus dem Gehorsam) und hat keine Sicht für die Verheißung, daß Gott uns in der persönlichen Veränderung helfen will (= Heiligung aus dem Glauben). Hebr. 12,1.2.4 zeigt beide Seiten der Heiligung nebeneinander.
- Wenn Rolf neben dem Aufruf zum Gehorsam doch auf eine Zusage über Gottes Hilfe stößt, interpretiert er diese als Widerspruch statt als Ergänzung.
- "Aufsehen auf Jesus" (Hebr. 12,2) = In den Grundannahmen und Zielen damit rechnen, daß Jesus Christus aktiv dabei ist, mich zu verändern und mich ans Ziel zu bringen!
- Rolf hat eine illusorische Vorstellung von geistlich verändertem und gereiftem Leben: Es sollte nach seiner Ansicht ohne inneren Widerstand, ohne Kampf, ohne Geduld, ohne harte Entscheidungen und nie gegen das eigene Wohlbefinden verlaufen. Hebr. 12,1.4 sagt jedoch das Gegenteil.

Lektion 22: Sehnsucht nach Kraft (S. 114)

2. Aufgabe:

Siehe Punkte 1, 2 und 4 im Vertiefungsteil. Lest als Abschluß dieser Aufgabe die beiden Merksätze am Ende von Punkt 2 im Vertiefungsteil.

Lektion 23: Leben mit Gegenwind (S. 128)

2. Aufgabe:

- In 2. Kor. 1,7-10 und 1. Mo. 22,1-12 wird deutlich, daß Gott durch Versuchungen, Anfechtungen und Prüfungen unser Vertrauen und unseren Gehorsam Ihm gegenüber prüfen und trainieren will.
- 5. Mo. 8,2-5 zeigt, daß uns Gott durch Versuchungen, Anfechtungen und Prüfungen die Götzen in der Gesinnung unseres Herzens aufdecken will.
- 2. Kor. 4,17.18 zeigt, daß Gott durch Versuchungen, Anfechtungen und Prüfungen unsere Blickrichtung für Wichtiges und Unwichtiges (= Erneuerung der Grundannahmen und Ziele) trainieren will.

Methodischer Hinweis: Die Gruppenteilnehmer sollen den jeweiligen Bibeltext zuerst für sich allein lesen und in einem Satz eine kurze schriftliche Antwort formulieren. Im anschließenden Gruppengespräch werden die schriftlichen Antworten ausgetauscht und besprochen.

Lektion 24: Leben im Glauben (S. 140)

1. Aufgabe:

- Dieser Einstieg soll der Gruppe anschaulich zeigen, was Glaube ist und wie ihn auch die Bibel versteht: So wie wir uns in diesen drei Gruppen auf die Fähigkeiten, Möglichkeiten und Leistungen anderer verlassen (Urlaubskatalog, Kochbuch, Straßenkarte), so verläßt sich biblischer Glaube auf die Fähigkeiten und Möglichkeiten Gottes und auf Sein Erlösungswerk in Jesus Christus. Biblischer Glaube ist ein kindliches, vertrauensvolles Ruhen in Gottes Leistungen und damit das Ende jeglicher Eigenleistung.
- Vorbereitung: Für das Gruppentreffen einen Urlaubskatalog mit Flugreisen, ein Kochbuch und eine Straßenkarte besorgen.
- Nach dem Arbeiten in den drei Gruppen stellt jede ihr Ergebnis der Gesamtgruppe kurz vor.
- Frage anschließend, was allen drei Projekten bei deren Realisierung gemeinsam wäre: Glauben und Vertrauen. Bei jedem der drei Projekte wird im Vertrauen auf das, was andere berechnet, ausprobiert oder gezeichnet haben, gehandelt. Genau das ist auch das Wesen des biblischen Glaubens und Vertrauens: sich auf Gott verlassen, Gott ernst nehmen, mit Ihm und Seinen Aussagen rechnen.

2. Aufgabe:

- Hebr. 11,27: Biblischer Glaube rechnet mit dem unsichtbaren Gott, als ob er sichtbar wäre.
- 2. Sam. 24,14: Biblischer Glaube rechnet mit den Eigenschaften Gottes (z.B. mit der Barmherzigkeit Gottes).
- Mat. 8,8-10: Biblischer Glaube rechnet mit Gottes Fähigkeiten und Möglichkeiten.
- Ps. 62,2: Biblischer Glaube rechnet mit Gottes Handeln und hilft dem Menschen, persönlich zur Ruhe zu kommen.
- 1. Petr. 5,6-9 Biblischer Glaube rechnet damit, daß Gott für unsere Sorgen sorgt und uns im Glaubenskampf und in der Heiligung unterstützt.

Lektion 25: Die Liebe ist das Größte (S. 154)

1. Aufgabe:

Jeder Gruppenteilnehmer soll diese Aufgabe zuerst allein lösen. Anschließend wird das Ergebnis in der Gesamtgruppe ausgetauscht.
Weise die Gruppenteilnehmer nach dem Ausfüllen der Tabelle darauf hin, mit welchen starken Formulierungen in diesen Bibeltexten die Liebe betont wird: "die größte" / "Vor allen Dingen" / "alles in der Liebe tun" / "die Liebe über alles" / Liebe als "Hauptsumme" aller biblischen Lehre.

2. Aufgabe:

A) Liebe ist Geben, Handeln, Dienen (siehe Punkt 3 im Vertiefungsteil).
B) Die Liebe, die uns die Bibel beschreibt, entwickelt sich in dieser Reihenfolge:
- Entscheidung zur Liebe aus Gehorsam gegenüber Gott.
  - Daraus wachsen Gedanken, in denen Ausdrucksformen der Liebe überlegt werden (wie kann ich diesen Menschen in dieser Situation lieben?).
    - Daraus entsteht die Liebestat (Dienst).
      - Daraus können Gefühle entstehen: Gefühle der Freude, Zufriedenheit, Zuneigung (siehe Punkt 3 im Vertiefungsteil).

C) Alles, was wir in den vergangenen Lektionen über die neue Identität (Rechtfertigung, Kindschaft usw.) kennengelernt haben, soll uns motivieren, andere zu lieben. Wir sollen uns dessen bewußt sein, daß wir Gottes geliebte Kinder sind, um aus dieser Motivation heraus unseren Nächsten zu lieben (siehe Punkt 2 im Vertiefungsteil).
D) Nur wer durch Vertrauen auf Gott (Vertrauen in Gottes Fürsorge) seine Habsucht hinter sich lassen kann, wird frei, andere zu lieben, ohne gleich wieder die offene Hand hinzuhalten. Diesen Schritt ins Vertrauen, um die Habsucht hinter uns zu lassen, werden wir immer wieder neu vollziehen müssen; manchmal Tag für Tag und manchmal Augenblick für Augenblick, je nach persönlicher Veranlagung und Art des Liebesdienstes (siehe Punkt 2 im Vertiefungsteil).
Als zusammenfassende Erklärung der Aufgaben C und D kann die Grafik in der Zusammenfassung dieser Lektion helfen:

Lektion 26: Der Himmel - unser Ziel (S. 166)

1. Aufgabe:

Trinkbecher aus Karton bzw. Pappbecher, Klebstreifen und einige Farb- oder Filzstifte zum Gruppenabend mitbringen. Für das Bearbeiten der Becher ca. 5-8 Minuten einplanen.

2. Aufgabe:

A) V. 6: "... traurig in mancherlei Anfechtungen."
V. 7: Der Glaube wird wie durch Feuer geläutert.

B) V. 4: Auf uns wartet im Himmel ein unvergängliches, von Sünde unbeflecktes und unverwelkliches Erbe.
V. 8: Jetzt schon und besonders im Himmel werden wir uns freuen "mit unaussprechlicher und herrlicher Freude" über all das Schöne, das Gott für uns bereithält.

4. Aufgabe:

Als besonderen Höhepunkt dieses Schlußteils könnte der Leiter ein wunderschön verpacktes Paket vorbereiten, in dem sich kleine Einzelpakete befinden. Auf jedes dieser Einzelpakete wird eines der Geschenke aufgeschrieben, die Gott für uns im Himmel bereithält (siehe Punkt 2 des Vertiefungsteils: "Das Schönste kommt noch").
Die Einzelpakete werden dann Stück für Stück aus dem großen Paket herausgenommen und in der Gruppe verteilt. In einer anschließenden Gebetszeit dankt jeder Teilnehmer für den Teil des himmlischen Erbes, der auf seinem Paket aufgeschrieben ist.

Ergänzungsteil: Predigtideen und theologische Denkanstöße

Die hier aufgelisteten Predigtideen und theologischen Denkanstöße sind nur **eine** Quelle, um die Lektionen thematisch zu ergänzen. Weitere Möglichkeiten:
- Die Bibeltexte, die in der Einführung unter Punkt 1 ("Der biblisch-theologische Ansatz") aufgelistet sind. Dies sind Texte, die sich besonders in der Motivations- und Einstiegsphase für das Arbeiten mit diesem Kursmaterial eignen.
- Bibeltexte, die im Vertiefungsteil schon verwendet wurden. Sie können in einer Predigt weiter vertieft werden.
- Bibeltexte, die im Vertiefungsteil in Klammern gesetzt sind, aufgreifen.
- Eigenständiges theologisches Weiterarbeiten an den Lektionsthemen.

Lektion 13: Heiligung – ein verstaubtes Wort? (S. 8)

- ☐ Die schon abgeschlossene Heiligung: Hebr. 10,1-18.
- ☐ Die noch andauernde Heiligung: Kol. 3,12-14.
- ☐ Das Ziel der Heiligung: 2. Kor. 3,18 / Röm. 8,29 / 1. Joh. 3,2.
- ☐ Jesus Christus - die Grundlage der gesamten Erlösung: 1. Kor. 1,27-31.
- ☐ Die heiligen Unheiligen: vgl. 1. Kor. 1,2 mit 1. Kor. 6,11. Ein Heiliger sein ist kein Zustand, sondern ein Stand (= neue Identität). Dieser neue Stand soll jedoch immer mehr Einfluß haben auf unseren Zustand (Verhalten, Erleben).
- ☐ Heilig, trotz unheiliger Vergangenheit: 1. Kor. 6,9-11.

Lektion 14: Weshalb persönliche Veränderung? (S. 16)

- ☐ Wer weiß, wie umfassend die Erlösung ist, der ist motiviert, als Erlöster zu leben: 1. Kor. 6,12-20.
- ☐ Persönliche Veränderung, weil das Unsichtbare (das Göttliche) zuverlässiger ist als das Sichtbare (das Menschliche): 2. Kor. 4,18.
- ☐ Wer Gottes Güte vergißt, bei dem verblaßt auch die Motivation zur Heiligung: Ps. 106,7.8.13-15.
- ☐ Freude und Gehorsam gegenüber Gott und Seinem Wort: 5. Mo. 11,26-32 / 5. Mo. 30,19.20 / Ps. 119,165 / Joh. 14,21 / 15,9-11.
- ☐ Beschenkt oder betrogen: Ps.1.
- ☐ Erneuerung, weil wir erneuert sind! Die abgeschlossene Heiligung als Grundlage für die noch andauernde Heiligung: Kol. 3,8-10.
- ☐ Du bist und hast Licht, deshalb gehörst Du auf den Leuchter und nicht in den Schrank: Eph. 5,1-8.
- ☐ Neue Lebensqualität durch kindliches Vertrauen in den himmlischen Vater, der es mit seinen Kindern nur gut meint. Beachte, wie alles neue Verhalten in Mat. 6 (Geben, Beten, Fasten, nicht sorgen usw.) in Gott als guter Vater begründet ist: "Weil Gott so und so ist und das und das macht, deshalb verhaltet euch so und so."

Lektion 15: Ein neues Verhältnis zur Sünde (S. 24)

- ☐ Lebe und suche das, was Du in Jesus Christus bist und hast: Kol. 2,20-3,4.
- ☐ Jesus Christus ist in uns: Röm. 8,10 / Gal. 2,20 / Kol. 1,27.
- ☐ Wir sind in Jesus Christus: 1. Kor. 1,2 / Eph. 1,1 / Phil. 1,1 / Kol. 1,2 / 1. Thess. 1,1 / 2. Thess. 1,1.
- ☐ Das Zusammenwirken von "Jesus in mir" und "Ich in Jesus Christus": Joh. 15,1-8.
- ☐ Bilder für dieses Einssein mit Jesus Christus: Ehe (Eph. 5,32) / Kopf und Leib (Eph. 4,15-16).
- ☐ Dieses Einssein mit Jesus Christus kann auch eindrücklich anhand der Bibeltexte erklärt werden, die von einem "Bund" reden, den Jesus Christus mit jedem durch Ihn Erlösten eingeht: Hebr. 7,22 / Hebr. 8,6-13 / 2. Kor. 3,6-18.
- ☐ Dieses Einssein von Jesus Christus und Seinen Erlösten ist nicht Frucht oder Ergebnis eines besonders gläubigen und hingegebenen Christenlebens, sondern gehört zur geschenkten Grundausrüstung, die in der Erlösung durch Jesus Christus vollständig enthalten ist. Die große Versuchung, der viele Christen und damit auch viele, die das Evangelium lehren, ausgesetzt sind: Sie machen aus der "guten Nachricht" eine "schlechte Nachricht", aus der "Frohbotschaft" eine "Drohbotschaft", aus dem Evangelium ein Gesetz.Viele Christen leben und leiden dann unter dem Eindruck, daß durch die Erlösung nur sehr wenig an ihnen geschehen ist. Die Folgen: unmotivierte, nörgelnde und kraftlose Christen. Alles, was die Bibel über dieses Einssein mit Jesus Christus sagt, gilt zu jeder Zeit für jeden durch Jesus Christus Erlösten: Eph. 1,3-14.
- ☐ Wer Röm. 6 liest, der stößt in den Versen 3 und 4 auf das Wort "Taufe" und damit auf ein Wort, das für viele ein Problemwort in diesem Text ist. Der Grund: Viele denken beim Wort "Taufe" sofort an die Wassertaufe beim Säugling oder beim Menschen, der sich zu Jesus Christus bekehrt hat. Aber in der Bibel ist das Wort "Taufe", aufgrund seiner Bedeutung in der griechischen Sprache, wo es "eintauchen / untertauchen" bedeutet, viel breiter eingesetzt. Deshalb treffen wir "taufen" auch in den folgenden Formulierungen an: auf Mose getauft sein (1. Kor. 10,1.2) / mit Leiden getauft sein (Mat. 20,22-23) / mit dem Heiligen Geist und mit Feuer taufen (Mat. 3,11). In diesen Formulierungen wird die ursprüngliche Bedeutung von "eintauchen / untertauchen" deutlich erkennbar.
  Nach meiner Erkenntnis wird nun auch in Röm. 6,3.4 das Wort "taufen" in diesem ursprünglichen Sinn verwendet: Durch die Erlösung wurden wir in das, was mit Jesus Christus geschah, "eingetaucht" (= wir wurden eins mit Jesus Christus). Begründung: Was hier als Ergebnis dieser Taufe beschrieben wird, ist deckungsgleich mit dem, was das gesamtbiblische Zeugnis über das Ergebnis der Rechtfertigung sagt, und nicht mit dem, was die Bibel über die Wassertaufe sagt.
  Eine andere Erklärung: Röm. 6 gebraucht das Wort "Taufe" stellvertretend und zusammenfassend für den gesamten Akt der persönlichen Umkehr zu Gott (Bekehrung, Sündenbekenntnis, Wiedergeburt, öffentliches Bekenntnis durch die Taufe), da zur Zeit der Bibel die persönliche Bekehrung zu Jesus Christus und die Taufe oft zeitlich nahtlos aufeinander folgten (Apg. 2,37.38 / 16,30-33 / 8,26-40).

Lektion 16: Wo beginnt persönliche Veränderung? (S. 34)

- ☐ Die folgenden Bibeltexte zeigen in eindrücklichen Formulierungen, wie "einflußreich" die Gesinnung in unserem Herzen auf unser gesamtes Menschsein ist. Deshalb müssen persönliche Veränderung, geistliche Erneuerung, erweckliche Verkündigung und Seelsorge in der Gesinnung des Menschen ansetzen. Von dort wächst die Veränderung und Erneuerung nach außen. Deshalb: Nicht Erneuerung von außen nach innen (durch Manipulation in Sprache und Musik, Überbetonung äußerer Formen, alter und junger Traditionen, Zeichen und Wunder usw.), sondern von innen nach außen: Spr. 19,2 / Hiob 42,1-6 / Mat. 13,23 / Mark. 2,5-8 / 6,52 / 8,14-21 / Röm. 7,23 / 1. Kor. 1,10 / 14,20 / 2. Kor. 4,4 / 10,4.5 / Eph. 1,15-19 / 3,18.19 / 4,17-24 / 5,15-19 / Phil. 2,5 / 4,8 / Kol. 1,9 / 2,2 / 1. Tim. 4,16 / 6,5 / 2. Tim. 2,7.8 / 1. Petr. 1,13 / 2. Petr. 1,15 / Hebr. 5,14.
- ☐ Wie Jesus in Seiner Verkündigung und Seelsorge bei der Gesinnung im Herzen der Jünger ansetzt: Mark. 8,14-21.
- ☐ Gott kennt die Gesinnung (Grundannahmen und Ziele) in unserem Herzen. Er weiß, was wir denken. Er weiß, wer wir wirklich sind. Ihm können wir nichts vormachen: Ps. 10,11 / 94,7-11 / Jes. 29,15.16 / Mat. 9,2-4 / Mark. 2,5-8 / 8,14-21 / Luk. 11,14-17 / 16,15 / Joh. 2,23-25 / Hebr. 4,12.13.
- ☐ Es gibt auch Früchte, die äußerlich gesund aussehen, aber im Innern faul sind, weil die Wurzeln krank sind: Mat. 7,15-23 / Mark. 7,6 / Joh. 2,23-25.
- ☐ Eine gesunde Gesinnung in unserem Herzen lebt von der gesunden Lehre aus Gottes Wort: Gal. 3,1-7 / 2. Petr. 1,15 / 2. Tim. 2,7.8 / 4,1-8.
- ☐ "Seelsorge an sich selbst" beginnt in der Gesinnung des eigenen Herzens: Ps. 77.

Lektion 17: Die Habsucht und ihre verheerenden Folgen (S. 46)

- ☐ Weitere Texte über die Habsucht: Jes. 53,6 / 57,17 / Jer. 6,13 / Hes. 33,31.
- ☐ Die Worte "gottlos" und "habgierig" werden in der Bibel gleichgesetzt: Ps. 10,3 / Röm. 7,7 / 1. Petr. 4,2.
- ☐ Die Habsucht im frommen Kleid: Mat. 6,2.5.
- ☐ Wie die Habsucht den Sündenfall (1. Mo. 3) entscheidend bestimmte: "Ihr werdet sein wie Gott und wissen ..." / "Die Frau sah, daß von dem Baum gut zu essen wäre und daß er eine Lust für die Augen wäre und verlockend, weil er klug machte." / "Und sie nahm ... aß ... gab ihrem Mann."
- ☐ Habsucht, Habgier, Gier - das alles erstickende Unkraut: Mat. 13,22 / 6,19-34 / 1. Tim. 6,9.
- ☐ Habsucht, Habgier und Gier bedrohen die Gemeinschaft in Ehe, Familie, Gemeinde, Gesellschaft: Phil. 2,1-4 / Gal. 5,26.
- ☐ Die Sündennatur des Menschen wird in der Bibel bekanntlich auch als "Fleisch" bezeichnet (Röm. 7,14 / Kol. 2,18 / 1. Joh. 2,16). Nun ist es sehr interessant, daß auch im Zusammenhang mit dem "Fleisch" wieder die Begierde und damit die Habsucht erwähnt wird: Eph. 2,3.
- ☐ Die Menschen der Endzeit werden besonders stark von der Habsucht bestimmt sein: 2. Tim. 3,1-9. Die Beschreibung dieses endzeitlichen Menschentyps beginnt mit Worten, die allerlei Varianten der Habsucht beschreiben: selbstsüchtig (viel von sich halten), geldgierig, prahlerisch, hochmütig, Lästerer, den Eltern ungehorsam, undankbar, gottlos.
- ☐ "Halsstarrig" ist ein weiteres Wort, das die Bibel benutzt, um die Sünde in ihrer habsüchtigen Form zu beschreiben: Habsüchtig starrt der Mensch nur auf seine Sache - auf das, was er will, wie er will, wieviel er will, wann er will: 2. Chr. 30,8 / Neh. 9,16.17.29 / Ps. 75,5-8 / Spr. 29,1 / Jer. 7,26 / 17,23 / 19,15 / Hab. 2,4.

- ☐ Die Sünde der Habsucht und ihre faulen Früchte in verschiedenen Situationen:
  - beim Volk Israel in der Wüste: 4. Mo. 11 (besonders V. 4-6)
  - bei israelischen Führungskräften: Hes. 22,27
  - beim Turmbau in Babylon: 1. Mo. 11,1-9 (besonders V. 4)
  - bei Achan: Jos. 7,21
  - bei den Söhnen Sauls: 1. Sam. 8,1-3
  - bei Petrus (Kephas): Gal. 2,11-13
  - bei Judas: Mat. 26, 15.16 / Joh. 12,4-6
  - bei den Pharisäern und Schriftgelehrten: Mat. 23,23-28
  - bei dem "Geschäftemacher" in Philippi: Apg. 16,19
  - bei Felix: Apg. 24,26

Lektion 18: Es gibt einen Ausweg (S. 60)

- ☐ Gegen den Individualismus: Nicht "jeder für sich und damit gegen alle", sondern: "jeder sucht das Wohl aller und arbeitet so für Gottes Anliegen": Röm. 15,2 / 1. Kor. 10,24 / 13,5 / Phil. 2,4 / 1. Petr. 4,10 / Hebr. 10,24.25.
- ☐ In 5. Mo 1,19-46 die Zusammenhänge von Grundannahmen, Zielen und dem Verhalten aufzeigen: Wie verhalten sich die Israeliten? Weshalb verhalten sie sich so? Was ändert sich in ihren Grundannahmen und führt zu welchem neuen Verhalten? Wie versucht Mose zu helfen?
- ☐ Habsucht und Heuchelei bei den Frommen und was Gott dazu meint: Jes. 1,2-20 / 29,13 / 58,1-12 / Mat. 15,7-8.
- ☐ Bibeltexte, in denen die Aufgliederung in Grundannahmen, Ziele und Früchte gut erkennbar ist:
  - 4. Mo. 11
  - 4. Mo. 13 / 14
  - 5. Mo. 1,22-33
  - Ps. 73
  - Ps. 106
  - Spr. 2
  - Jes. 47,6-13 / Offb. 18,7.8
  - Jes. 30,8-17
  - Jer. 8,4-13
  - Hes. 25,1-8 / Zeph. 2,8-11

Lektion 19: Vertrauen und Gehorsam statt Habsucht (S. 74)

- ☐ Nicht die Probleme, Ereignisse und Herausforderungen, die sich uns in den Weg stellen, bestimmen letztlich unser Leben, sondern das, was wir in unserer Gesinnung aus ihnen machen: Mark. 8,14-21 / Joh. 8,32 / 15,18-21 / 16,33 / 2. Kor. 4,17.18 / 1. Petr. 1,4-6 / 4,12.13 / Hebr. 12,4-13.
- ☐ Gesunde Früchte durch das Erkennen und Ausleben der neuen Identität in Jesus Christus: Philem. 1,4-7.
- ☐ Ein erneuertes Christenleben und seine Früchte: 2. Petr. 1,5-9.
- ☐ Hebr. 12,1-13 beschreibt unsere Gesinnung als unser "inneres Auge", durch das wir all die Probleme, Ereignisse und Herausforderungen um uns herum beurteilen. Durch dieses "Glaubensauge" sollen wir "aufsehen auf Jesus", um dann "an Jesus zu denken", "damit unser Mut nicht sinkt".
- ☐ Zum Thema Leben im Vertrauen und Gehorsam gegenüber Gott skizziert Hebr. 11 einige Porträts.
- ☐ Leben im Vertrauen und Gehorsam gegenüber Gott: Mat. 6,19-34.
- ☐ Ein Gemeindeleben voll gesunder Früchte: Kol. 3,1-17.
- ☐ Segen durch Dankbarkeit: Ps. 50,23.
- ☐ Es gibt genügend Gründe, um zu danken: Ps. 107.
- ☐ Vertrauen und Gehorsam wird auch mit "Demütigung vor Gott" umschrieben: 1. Petr. 5,5.6.
- ☐ "Nicht mehr ich" wird in der Bibel mit der "Selbstverleugnung" oder mit dem "Sterben wie das Weizenkorn" gleichgesetzt: Mat. 16,24-26 / Luk. 9,23-25 / Apg. 20,24 / 21,13 / Röm. 15,1 / Joh. 12,24-26. Das griechische Wort für "verleugnen" kann auch mit "zurückweisen" oder "lossagen" übersetzt werden. Mit dem Appell zur Selbstverleugnung fordert uns die Bibel nicht zum Selbsthaß und zur Selbstverachtung als Geschöpfe Gottes auf, sondern zu einem konkreten Sich-Distanzieren von der Habsucht.

Lektion 20: Wie kann ich persönliche Veränderung erleben? (S. 86)

- ☐ "Zerreißt eure Herzen und nicht eure Kleider": Joel 2,12.13.
- ☐ Gott kann denen helfen und vergeben, die über die sündige Gesinnung in ihrem Herzen erschrecken und mit dieser Not zu Ihm flüchten = Menschen, die ein "zerbrochenes Herz" haben: Ps. 34,19 / 147,3 / Jes. 42,3 / 61,1 / 66,2.
- ☐ Besonders beeindruckende Aufrufe zur Umkehr zu Gott: Hos. 14,2-5 / 2. Chr. 7,13-15 / Jes.1.
- ☐ Bei der entscheidenden Wende in der Gesinnung unseres Herzens geht es immer darum, daß falsche, sündige Grundannahmen und Ziele ersetzt werden durch Grundannahmen und Ziele, die Gott will. Nur wenn wir alte Wurzeln ausreißen, haben neue eine Chance. Es geht also nicht nur darum, daß wir einfach fester oder mehr an Gott glauben oder Ihm ab jetzt freundlicher gesonnen sind, sondern um grundlegende Umkehr: von den Lügen Satans weg und hin zu den Wahrheiten Gottes. Bevor wir jedoch das Richtige glauben und tun können, müssen wir wissen, was wir nicht mehr glauben und tun sollen. Deshalb beschreibt die Bibel in vielen verschiedenen Varianten zuerst das, was wir "ablegen" sollen und erst dann das, was wir "anziehen" sollen: Eph. 4,22-25.28.29 / Ps. 1 / 34,15 / Spr. 3,5-7 / Jer. 17,5-8 / Röm. 12,16.21 / 14,17 / Gal. 5,16-26 / 1. Petr. 1,14-15 / 3,9 / 4,2 / Hebr. 10,25.

- ☐ Die Bibel vergleicht die kämpfende und übende Seite des Christenlebens mit dem Wettlauf eines Sportlers: 1. Kor. 9,24-27.
- ☐ Das in dieser Lektion vorgestellte Modell biblischer Veränderung mit seinen zehn Schritten kann sehr gut mit 2. Tim 3,14-17 kombiniert werden. Dadurch wird auch ersichtlich, wie in all diesen Schritten das Wort Gottes zum tragenden Fundament gehört: Das Wort Gottes ist nütze zur
  - Lehre (Wahrheit und Unwahrheit aufdecken) = 1.-5. Schritt
  - Zurechtweisung (überzeugen / zur Einsicht führen) = 6. Schritt
  - Besserung (korrigieren) = 7.-9. Schritt
  - Erziehung (angewöhnen / lernen / üben) = 10. Schritt.
- ☐ Persönliche Veränderung und Erneuerung hat nur dann eine echte Chance, wenn Sünde im Leben an ihrer Wurzel erkannt und vor Gott bekannt wird, worauf Gott mit Sündenvergebung reagiert (1. Joh. 1,9). Wegen dieser Wichtigkeit ist die Sündenvergebung in unserem Modell der unterste und damit entscheidenste Punkt (7. Schritt). Die Sündenvergebung ist der Schritt, der die eigentliche Wende ausmacht: In der Sündenvergebung räumt Gott auf und macht Platz für das weitere Wirken Seines Geistes, der anschließend den Erneuerungsprozeß von innen nach außen weiter vorantreiben kann. Die folgenden Bibeltexte beschreiben das Wunder der Sündenvergebung mit eindrücklichen Formulierungen und Bildern: Ps. 32,2 / Jes. 38,17 / Jes. 43,25 / Jes. 44,22 / Micha 7,19 / Kol. 2,14.

  Sündenvergebung bewirkt genau das, was das deutsche Wort "vergeben" beschreibt: Sünden, die zwischen mir und Gott waren, werden ver-geben = fortgegeben. Gott sieht mich nach dieser Vergebung so an, als wäre zwischen Ihm und mir nie etwas Hemmendes gewesen! Nimm die Gemeinde mit ins Staunen, ins Bewundern und Genießen der Sündenvergebung.

Lektion 21: Ich fühle mich überfordert (S. 104)

- ☐ Hebr. 12,1-17 mit dem besonderen Schwerpunkt auf den Versen 12 und 13, in denen uns Gott ermutigen will. Diese Ermutigung knüpft jedoch an der richtigen Sicht über die "Heiligung aus dem Glauben" und die "Heiligung aus dem Gehorsam" an.
- ☐ "Die Werke des Fleisches" und "die Frucht des Heiligen Geistes": Gal. 5,16-6,10. Beachte, daß in diesem Text das Vorankommen in der persönlichen Veränderung (von "Fleisch" zu "Geist") in einem geheimnisvollen Zusammenwirken zwischen dem Menschen und dem Geist Gottes beschrieben wird: Wohl ist persönliche Veränderung eine Frucht des Heiligen Geistes, der hier u.a. als "Regierender" (5,18) und als "kraftspendender Nährboden" (6,8) beschrieben wird. Auf der anderen Seite geschieht keine Veränderung, wenn der Mensch sich dieser Regierung nicht unterordnet und sich nicht wie ein Samenkorn vertrauensvoll diesem Nährboden überläßt. Somit beschreibt auch dieser Text das Zusammenspiel zwischen der Heiligung aus dem Glauben und der Heiligung aus dem Gehorsam (siehe auch 2. Thess. 3,3-5).
- ☐ Die folgenden Bibeltexte erwähnen in verschiedenen Formulierungen die "Heiligung aus dem Glauben" und die "Heiligung aus dem Gehorsam": Ps. 37,23.24 / 106,7-14 / Joh. 15,1-8 / 1. Petr. 1,3-14 / 2. Petr. 1,3-15.

- ☐ Die folgenden Bibeltexte erwähnen in verschiedenen Formulierungen die "Heiligung aus dem Glauben": Ps. 37,23.24 / 1. Kor. 1,7-9 / 2. Kor. 3,5.6 / Eph. 2,10 / Hebr. 13,21.
- ☐ Die folgenden Bibeltexte erwähnen in verschiedenen Formulierungen die "Heiligung aus dem Gehorsam": 1. Sam. 15,22.23 / Jos. 24,15 / Jer. 7,21-28 / Amos 5,21-27 / 1. Petr. 1,2 / 2. Kor. 10,5 / Gal. 5,7 / Phil. 2,8.
- ☐ Segen durch Gehorsam: 1. Mo. 22,18 / Ps. 1 / 119,165 / Spr. 28,13.14 / Jes. 30,15.16 / Jer. 6,16 / 7,23 / Dan. 1,8.9 / Joh. 14,21 / Phil. 2,8.9.

- ☐ Die folgende Darstellung soll einen Überblick zum Thema "Heiligung" vermitteln, damit die verschiedenen Seiten und Aspekte nicht durcheinandergeraten:

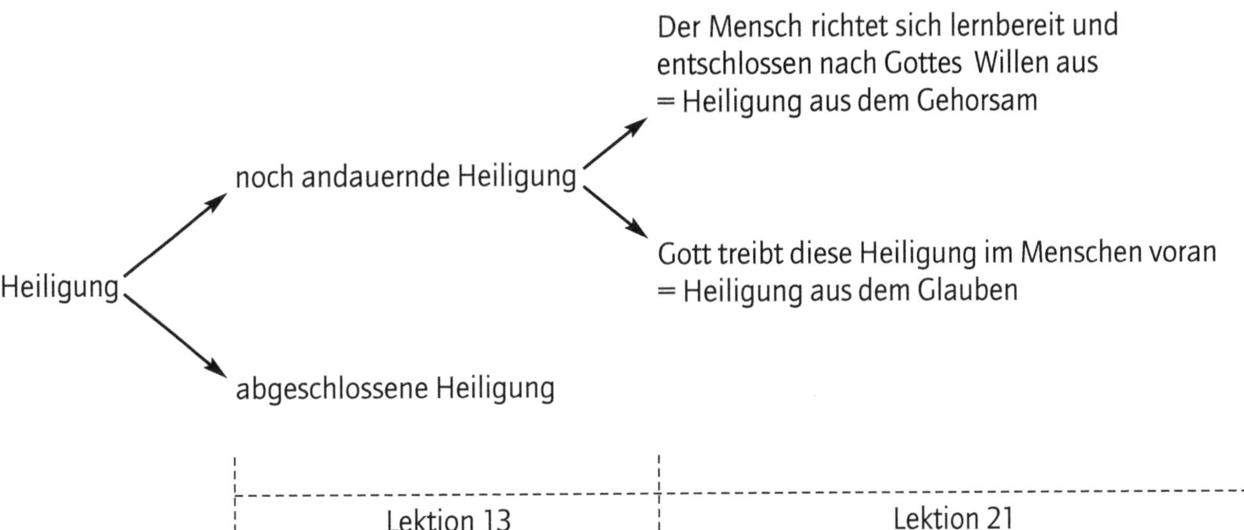

Lektion 22: Sehnsucht nach Kraft (S. 114)

- ☐ Gott hat Kraft: 4. Mo. 14,13 / 5. Mo. 4,37 / 9,26.29 / Jos. 22,22 / 2. Chr. 20,6 / Hiob 36,22 / Jer. 32,17.18 / Mark. 13,26.
- ☐ Wie bekommen wir den Heiligen Geist?
  - Durch Buße (Umkehr zu Jesus Christus, Sündenbekenntnis): Apg. 2,38.
  - Wenn wir Jesus Christus aufnehmen: Joh. 1,12 ergänzt mit Gal. 4,6.
  - Durch den Glauben: Joh. 7,38.39 / Apg. 15,8.9 / Gal. 3,2.5.

  Diese drei Formulierungen beschreiben Kernvorgänge, die zur ganz normalen Erlösung durch Jesus Christus gehören (= Erlösung durch Bekehrung und Wiedergeburt).
- ☐ Göttliche Kraft kann auch durch die Bibel und durch Erklärung der Bibel erwartet werden, da laut Eph. 6,17 das Wort Gottes ein wichtiges Werkzeug ist, mit welchem der Geist Gottes arbeitet: Apg. 14,22 / Röm. 16,25 / 1. Tim. 1,18 / Tit. 1,9.
- ☐ Wie die eigene Schwachheit zur Kraft Gottes führen kann: 2. Chr. 20,12-15.
- ☐ Die kleine Kraft eines Christen und die große Kraft Gottes gehören eng zusammen: 1. Petr. 5,10.11 / 2. Kor. 13,4 / 2. Tim. 1,8 / Offb. 3,8.
- ☐ Auch bei Jesus waren Schwachheit und Kraft plötzlich ganz nahe beieinander: Mat. 26,36-39.
- ☐ Die Gefahr der Stärke: Jes. 10,12.13 / 1. Kor. 10,12.
- ☐ Die "Sehnsucht nach Kraft" kann entarten in "Habsucht nach Kraft". So entsteht dann ein Suchen, das blind macht für das, was uns schon gegeben ist: 2. Petr. 1,3.4 / 1. Kor. 1,4-9 / Kol. 2,8-13.

Lektion 23: Leben mit Gegenwind (S. 128)

- ☐ Tit. 2,11-15:
  - V. 11.12: Die Gnade Gottes erzieht uns! Die Gnade Gottes will uns nicht nur bestätigen und ermutigen, wie wir das so gerne hätten (unsere Götzen bestätigen!), sondern sie wirkt erziehend: das kann Bestätigung, aber auch die Aufforderung zur Umkehr beinhalten.
  - V. 12: Auch ein Christ entdeckt in seinem Innern immer wieder eine gewisse Lust und Freude zur Sünde, obwohl er ein vollwertiges Kind Gottes ist. Um nicht zu sündigen, wird er sich gegen diese Lust entscheiden müssen. Erst im Himmel werden wir auch von diesem Hang zur Lust völlig befreit sein.
  - V. 13.14: Aus der Kenntnis der neuen Identität durch die Erlösung und aus dem Blick auf das Ziel wächst die Motivation für harte Entscheidungen gegen die eigene Lust.
  - V. 15: Dieser Vers bietet eine hilfreiche Orientierung für jeden Bibellehrer, der sich im Dschungel der vielen an ihn gestellten Erwartungen verirrt hat.
- ☐ Gott versichert uns eine sichere Landung, aber keine ruhige Reise: Röm. 8,17 / 1. Petr. 4,12.13 / Offb. 7,9-17 / 21,7.
- ☐ Eph. 6,10-20 beschreibt die Waffenrüstung des Christen, mit der er im Kampf gegen die Versuchung zum Bösen siegen kann. Aus Platzgründen bin ich im Aufbau der Lektion kaum auf diese Rüstungsteile eingegangen, sondern habe versucht, die einzelnen konkreten Maßnahmen im Glaubenskampf zu beschreiben. Für diese Maßnahmen sind jedoch die einzelnen Rüstungsteile nötig:

Maßnahmen:	**Rüstungsteile in Eph. 6,10-20**
1) Wachen und Beten	- "Zieht an die Waffenrüstung Gottes" = Werdet aktiv, werdet wach (beachte all die vielen anderen Verben, die zur Aktivität aufrufen: "kämpfen" / "steht fest" / "ergreift" / "nehmt" usw.) - "Betet allezeit ... und wacht dazu mit aller Beharrlichkeit im Gebet."
2) Akzeptieren	- "Das Schwert des Geistes, welches ist das Wort Gottes" = Gottes Wort sagt mir, daß Versuchung dazugehört.
3) Stellung beanspruchen	- "Umgürtet mit Wahrheit" = die Wahrheit über mich als Kind Gottes beanspruchen. - "Angetan mit dem Panzer der Gerechtigkeit" = Ich soll auf meiner Rechtfertigung durch Jesus Christus als Kern der neuen Identität im Glauben bestehen. - "Ergreift den Schild des Glaubens" = auf dem beharren, was Gott über mich und meine neue Identität sagt. - "Nehmt den Helm des Heils" = Meine Rettung ist geschehen. Ich gehöre Jesus Christus. Der Sünde bin ich nichts mehr schuldig. - "Das Schwert des Geistes, welches ist das Wort Gottes" = Gottes Wort sagt mir, wer und was ich bin und was mich in der Herrlichkeit erwartet.
4) Prüfen	- "Umgürtet mit Wahrheit" = Ich soll nachprüfen, was ich wirklich denke (= was die Wahrheit über die Gesinnung in meinem Herzen ist). - "Das Schwert des Geistes, welches ist das Wort Gottes" = Das Wort Gottes ist der Maßstab, an dem ich meine Grundannahmen und Ziele prüfen soll.
5) Entscheiden	- "An den Beinen gestiefelt, bereit, einzutreten für das Evangelium" = Ich soll mich für Gottes Wort entscheiden; ich soll zu Gottes Wort stehen.

- ☐ Jesus Christus wurde versucht wie wir und kann mich deshalb in der Versuchung gut verstehen: Mat. 4,1-11 / Hebr. 2,14-18 / 4,15.16.
- ☐ Auch die Leiden des Christen gehören zu einem Leben in dieser gefallenen Schöpfung: Röm. 8,23 / 2. Kor. 5,1-10 / 1. Petr. 1,17 / Hebr. 12,1.2.
- ☐ Vom Leiden als Mitarbeiter im Reich Gottes: Apg. 9,16 / 14,22 / 1. Tim. 4,10 / 2. Tim. 1,8 / Ps. 126,5.6.
- ☐ Wenn Gott uns durch Schwierigkeiten hindurch erzieht, will Er uns damit nicht plagen, sondern beschenken: Joh. 15,1-8.
- ☐ Weitere Bibeltexte bezüglich Gottes Prüfungen in unserem Leben: Ps. 66,10-12 / 119,67 / Spr. 3,11.12 / 2. Kor. 7,8.9 / 1. Thess. 2,4 / Hebr. 10,32-38 / 12,4-11 / Jak. 1,2-4.12 / Offb. 3,19.

Lektion 24: Leben im Glauben (S. 140)

- ☐ Leben im Glauben heißt: Ich vertraue dem, was Gott ist, hat und kann, mehr als meinen eigenen Möglichkeiten, Gefühlen und Phantasien. Weil Gott so und so ist, wage ich ein Leben im Vertrauen auf Ihn:
  - Weil Gott eine Burg und ein Fels ist, vertraue ich Ihm, daß Er das für mich sein will: Ps. 18,2.3 / 31,1-6.
  - Nicht wir müssen Gottes Helden werden, sondern Gott ist als Held bei uns: Jer. 20,11.
  - Nicht wir müssen aus uns heraus stark werden (und dann auch noch glauben), sondern im Glauben sollen wir Ihm zutrauen, daß Er gerne kräftig in und durch uns wirkt (was unsere Schwachheiten nicht zwangsläufig ersetzt!): Eph. 6,10 / 2. Tim. 2,1.
- ☐ Glaube ist keine Leistung, sondern ein Zur-Ruhe-Kommen in Gottes Armen, nachdem wir unsere Schwachheiten und Grenzen erkannt haben: Ps. 3 / 4,9 / 62 / 131.
- ☐ Biblischer Glaube - die alles entscheidende Lebensgrundlage: Jes. 7,9.
- ☐ Praktische Beispiele für ein Leben im Glauben: Hebr. 11.
- ☐ Unser Glaube beruht auf Fakten: Luk. 1,1-4 / 1. Joh. 1,1-4.
- ☐ Aufgrund von Hebr. 11,27 kann der Glaube auch als "Glaubensblick" umschrieben werden. Die folgenden Bibeltexte beschreiben je eine solche Blickrichtung. Manchmal wird in die falsche, manchmal in die richtige Richtung geschaut: 1. Mo. 3,6 / 19,26 / Ps. 25,15 / 27,8 / 34,6 / Mat. 14,30 / Luk. 9,62 / Hebr. 12,2.3.

Lektion 25: Die Liebe ist das Größte (S. 154)

- ☐ Wenn Gott das Wichtigste auflistet: Mich. 6,8 / Mat. 22,37-40 / Röm. 13,8-10 / 1. Kor. 13,13 / 1. Thess. 5,8 / 1. Tim. 6,11 / 2. Tim. 1,7 / Tit. 2,2 / 1. Joh. 4,7-12.
- ☐ Die Liebe - praktische Beispiele: Luk. 10,29-37 / Luk. 15,20-24.
- ☐ Jesus liebt Menschen: Mat. 9,36 / Mark. 10,21 / Luk. 19,41-44 / Joh. 3,16 / 10,11 / 11,34-36 / 13,1 / 15,9.13.
- ☐ Lieblosigkeit ist teuflisch - Liebe ist göttlich: Jak. 3,13-17.
- ☐ Wir sollen uns gegenseitig zur Liebe ermutigen: Hebr. 10,24.
- ☐ Liebe ist Geben: Joh. 15,13 / Röm. 5.8 / 1. Joh. 4,10.
- ☐ Liebe vergibt: Mat. 5,23.24 / 6,14.15 / 18,21-35 / Luk. 17,3.4 / 2. Kor. 2,5-11.
- ☐ Liebe in Ehe und Familie: 1. Mo. 2,18 / Eph. 5,21-6,9 / Kol. 3,19 / 1. Petr. 3,1.2.7 / Tit. 2,4.
- ☐ Liebe in Meinungsverschiedenheiten: Röm. 14 / 15.
- ☐ Der Glaube ohne Liebe ist tot: Jak. 2,14-26.
- ☐ Die Liebe kann erkalten: Mat. 24,12 / Hebr. 13,1.
- ☐ Die Liebe - das Kennzeichen der Christen: Joh. 13,35.
- ☐ Die Liebe in der Gemeindepraxis: Eph. 1,15 / 1. Thess. 1,3 / 2. Thess. 1,3.
- ☐ Die Liebe gilt es zu prüfen: 2. Kor. 8,8.
- ☐ Die Liebe kann wachsen: Eph. 3,17 / Phil. 1,9 / 1. Thess. 3,12 / 2. Thess. 1,3.
- ☐ Die Liebe - das Geheimnis für Gemeindewachstum: Eph. 4,14-16.

Lektion 26: Der Himmel – unser Ziel (S. 166)

- ☐ Gerettet - doch auf Hoffnung: Röm. 8,18-25.
- ☐ Die rechte Blickrichtung bewahrt vor dem Ermüden: 2. Kor. 4,16-18 / Hebr. 10,34.
- ☐ Wir leben auf ein Ziel hin: Röm. 13,11-14.
- ☐ Sehnsucht nach dem Himmel: 2. Kor. 5,1-10.
- ☐ Ein Blick ins Jenseits: Luk. 16,19-31.
- ☐ Wenn Jesus Christus zum zweitenmal kommen wird: Mat. 24,29-31 / Luk. 21,25-28.
- ☐ Das Weltgericht: Mat. 25,31-46.
- ☐ Die Gnade Gottes: Tit. 2,11-15 (dieser Text faßt den gesamten Kurs sehr gut zusammen).

Weitere Bücher von René Christen im Verlag tredition

Erhältlich in jeder Buchhandlung.
Für die Schweiz z.B. Lese Lounge. Tel 055 210 43 23 Mail: booksandmore@leselounge.ch
Für Deutschland z.B. FTHbooks. Tel 064197970 44 Mail: info@fthbooks.de
Für Österreich z.B. Life Books. Tel 15879460 Mail: lifebooks@cbz.at

Oder online bei:
www.exlibris.ch
www.tredition.de/buchshop

Erneuerung von innen nach außen
Teilnehmerbuch Teil 1
mit den Lektionen 1-12
136 Seiten, Format A4, mit Grafiken
und Bilder. Verlag: tredition

ISBN Paperback: 978-3-347-10379-5
ISBN Hardcover: 978-3-347-10380-1
ISBN E-Book: 978-3-347-10381-8

Erneuerung von innen nach außen
Teilnehmerbuch Teil 2
mit den Lektionen 13-26
180 Seiten, Format A4, mit Grafiken
und Bilder. Verlag: tredition

ISBN Paperback: 978-3-347-11166-0
ISBN Hardcover: 978-3-347-11167-7
ISBN E-Book: 978-3-347-11168-4

LICHTER in der NACHT –
die Offenbarung des Johannes entdecken / Teil 1
(Teil 2 wird voraussichtlich 2021 erscheinen)
144 Seiten, Format A4, mit farbigen Grafiken
und Bilder. Verlag: tredition

ISBN Paperback: 978-3-7482-6387-6
ISBN Hardcover: 978-3-7482-6388-3
ISBN E-Book: 978-3-7482-6389-0

Das Buch "Lichter in der Nacht" ist eine gründliche, zugleich allgemein verständliche und seelsorgerliche Erklärung zum letzten Buch der Bibel: der Offenbarung des Johannes. Es erarbeitet fachlich kompetent die Kapitel 1–13 der Offenbarung und lässt dabei auch die schwierigen Passagen nicht weg.
Einleitend bietet das Buch vier Schlüssel, um die Texte der Offenbarung besser aufzuschlüsseln. In einer hervorragenden Grafik wird die Offenbarung fein gegliedert und übersichtlich. Diese Grafik führt uns mit Seitenangaben direkt zu den entsprechenden Passagen des Buches. Die sechs Anhänge bieten vertiefte Studien und grafische Überblicke. Einige von Künstlern gemalte Bilder machen abstrakte Texte zugänglicher. Zudem vermittelt "Lichter in der Nacht" einen globalen Einblick in unsere Zeit und hilft diese besser zu verstehen. Es weitet uns danach den Blick nach vorne in die Zukunft der Geschichte hin zu Gottes großartigem Neuanfang mit uns und unserem Planeten. In den Texten wird auch eine der schwierigsten Fragen bezüglich «Gott und die Welt» aufgegriffen: Die Frage nach einem allmächtigen und liebenden Gott und trotzdem gibt es (noch) so viel Leid auf dieser Welt. Die Offenbarung des Johannes bietet dazu äußerst wertvolle Antworten.
Das Buch "Lichter in der Nacht" eignet sich durch seine dezimale Gliederung und die vielen biblischen Paralleltexte für das persönliche Studium, für Gesprächskreise und als Grundlage und Begleitmaterial für Gottesdienste über die Offenbarung des Johannes.

Siehe auch die zu dieser Publikation veröffentlichte Homepage mit vielen Hilfen für Kleingruppen sowie Film-Clips und Power-Points für Gottesdienste, Inputs oder Andachten über Bibeltexte aus der Offenbarung des Johannes:

www.lichter-nacht.ch
www.lichter-nacht.de
www.lichter-nacht.eu

www.ingramcontent.com/pod-product-compliance
Ingram Content Group UK Ltd.
Pitfield, Milton Keynes, MK11 3LW, UK
UKHW061818190726
13853UKWH00007B/2208

9 783347 111691